新能源汽车检查与维护

主　编　许　猛　李增蔚
副主编　姚　曙　徐文权　刘发军　严海珍　王松尧
参　编　蒋　瑜　王林东　王晓骏　徐　东　张　浩
　　　　朱稀侯　周康军
主　审　蒋璐璐

北京理工大学出版社
BEIJING INSTITUTE OF TECHNOLOGY PRESS

内 容 简 介

本书共 13 个学习任务，主要讲述新能源汽车检查与维护的作业准备、各部件检查与维护的要点，以行业规范为依据，注重知识性、系统性、实用性的多重结合，尽量直观地将实用的内容呈现给读者。

本书以工单的形式向读者讲解新能源汽车检查与维护的基础知识、主要方法和实用技术。

本书系统全面，浅显易懂，特别适合新能源汽车检查与维护初学者使用，可作为高等院校、高职院校及技校等新能源汽车专业的教材，也可作为新能源汽车私家车车主的参考用书。

版权专有　侵权必究

图书在版编目（CIP）数据

新能源汽车检查与维护 / 许猛，李增蔚主编.
北京：北京理工大学出版社，2024.11.
ISBN 978 - 7 - 5763 - 4541 - 4

Ⅰ．U469.707

中国国家版本馆 CIP 数据核字第 2024VR1416 号

责任编辑：王梦春	**文案编辑**：辛丽莉
责任校对：周瑞红	**责任印制**：李志强

出版发行 ／ 北京理工大学出版社有限责任公司
社　　址 ／ 北京市丰台区四合庄路 6 号
邮　　编 ／ 100070
电　　话 ／ （010）68914026（教材售后服务热线）
　　　　　　（010）63726648（课件资源服务热线）
网　　址 ／ http://www.bitpress.com.cn

版印次 ／ 2024 年 11 月第 1 版第 1 次印刷
印　刷 ／ 唐山富达印务有限公司
开　本 ／ 787mm×1092mm　1/16
印　张 ／ 10
字　数 ／ 229 千字
定　价 ／ 66.00 元

图书出现印装质量问题，请拨打售后服务热线，负责调换

前 言

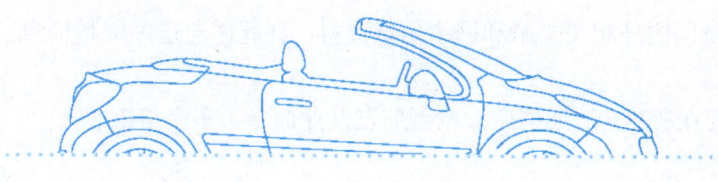

PREFACE

面对全球范围内日益严峻的能源和环保压力，世界各主要汽车生产企业开始大力研发新能源汽车，将发展新能源汽车作为提高产业竞争力、占据未来汽车市场制高点的重大举措。我国在"中国制造2025"和"十四五"等一系列规划中，也将新能源汽车列为战略新兴产业，并对新能源汽车研发、生产、购买、充电设施等上下游相关产业，给予了强有力的政策扶持。在内外部政策的积极引领下，我国新能源汽车市场呈现一片繁荣的景象。据中国汽车工业协会统计，2023年上半年，我国新能源汽车产销量分别达到378.8万辆和374.7万辆，可谓产销两旺。毋庸讳言，新能源汽车这种井喷式的增长，既给汽车服务后市场带来了压力，也对汽车职业教育提出了新的挑战。

但挑战也意味着机遇。面对新能源汽车技术这个职业教育的全新领域，为了满足新能源汽车市场对新能源汽车人才的需求，特编写了本书。本书围绕新能源汽车专业的教学要求，突出职业教育特点，采用"基于工作过程"的方式编写。在对相关职业院校教学组织方式和新能源汽车技术技能人才岗位特点进行调研的基础上，分析出岗位典型工作任务及新能源汽车常见检查、维护和保养项目，据此提炼行动领域，从而构建了整个检查、维护保养过程的系统化课程体系。本书以理论知识为纲，以模块化任务为目，将知识和任务系统地串联为一体。每个任务工单对应新能源汽车检查与维护中的常见项目，以接受任务、收集信息、制订计划、实施计划、检查质量、评价反馈六大环节为主线，结合理论知识进行实操。在强化实际操作的同时，对理论知识也进行了巩固，以达到理论与实践一体化、工学一体化的教学目的。

本书由许猛、李增蔚担任主编，姚曙、徐文权、刘发军、严海珍、王松尧担任副主编，蒋瑜、王林东、王晓骏、徐东、张浩、朱稀侯、周康军参与编写工作。具体编写分工：许猛、李增蔚负责教材开发的顶层设计；许猛负责学习任务一、学习任务二、学习任务五的编写；李增蔚负责学习任务三、学习任务六、学习任务九的编写；姚曙负责学习任务七、学习任务十的编写；徐文权负责学习任务四、学习任务八的编写；刘发军负责学习任务十一的编写；严海珍负责学习任务十二的编写；王松尧负责学习任务十三的编写；蒋瑜参与学习任务中的工作情境描述的编写；王林东参与学习任务二和学习任务三中信息收集的编写；王晓骏参与学习任务四中制订计划的编写；徐东参与学习任务八中质量反馈的编写；张浩参与学习任务十一中评价反馈的编写；朱稀侯参与学习任务七中信息收集的编写；周康军参与学习任务十三中质量反馈的编写。此外，特别感谢北京未科新能教育科技有限公司唐亮总经理、杭州质数云创科技有限公司储华总经理在本书编写过程中给予的宝贵支持，同时也要感谢舟山翔锐集团、舟山迪杰新能源汽车销售服务有限公司、舟山申通时代汽车销售服务有限公司为编写本书所提供的支持。

　　本书在编写过程中参考了大量国内外相关文献和网络信息资料，在此谨向这些资料信息的原创者们表示由衷的感谢！

　　囿于编者水平，书中疏漏之处在所难免，还请广大读者朋友及业内专家多多指正。

编　者

目录 CONTENTS

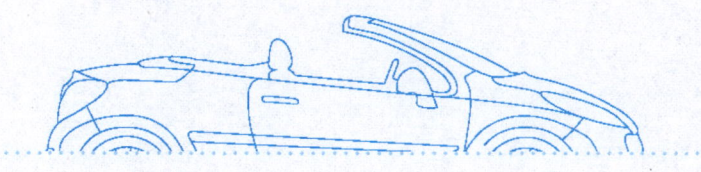

学习任务一　新能源汽车检查与维护作业前场地准备 ………… 001

学习任务二　新能源汽车检查与维护工具和设备使用 ………… 010

学习任务三　新能源汽车新车交付前检查 ………………………… 021

学习任务四　新能源汽车高压部件绝缘检测 …………………… 033

学习任务五　新能源汽车充电系统基本检查与维护 …………… 045

学习任务六　新能源汽车动力电池基本检查 …………………… 056

学习任务七　新能源汽车冷却系统基本检查 …………………… 066

学习任务八　新能源汽车冷却液更换 …………………………… 075

学习任务九　新能源汽车底盘基本检查 ………………………… 084

学习任务十　新能源电动汽车制动系统基本检查 ……………… 093

学习任务十一　新能源汽车助力转向系统基本检查 …………… 109

学习任务十二　新能源汽车车身电器维护保养 ………………… 121

学习任务十三　新能源汽车空调系统基本检查 ………………… 137

参考文献 …………………………………………………………… 149

学习任务一

新能源汽车检查与维护作业前场地准备

学习目标

1. 了解检查与维护作业前的场地要求，能检查各项设施配套是否完善。
2. 知道电动汽车检查与维护作业工位安全规范，能完成车辆停放、防护等工作。
3. 了解后续检查与维护作业项目，能有效准备并检查与维护所用工具和设备。
4. 清楚电动汽车检查与维护作业规范，能及时铺设维护保养三件套及翼子板防护垫。
5. 清楚电动汽车检查与维护作业工位高压绝缘要求，能对绝缘地垫绝缘阻值进行测量。

素质目标

1. 严格按规范执行高压安全操作。
2. 具备良好的动手实践能力。
3. 严格执行 6S 标准。
4. 培养团队协作精神。

建议学时

12~16 学时。

工作情境描述

王磊是某汽车服务有限公司的一名学徒工，负责车辆入场检查与维护前的日常准备工作。现需王磊完成车辆检查与维护前的停放检查与安全防护、工具和设备及场地检查等准备工作。

工作流程与活动

学习活动 1　接受任务

建议学时：1 学时。
学习要求：学习车辆作业前场地准备工作的要点知识，进行检查与维护的提前学习。

具体要求：车辆作业前场地准备工作是车辆检查与维护前的日常工作，检查与维护人员需要做好防护检查等准备工作，保证车间作业安全。

学习活动 2　收集信息

建议学时：2~3 学时。
学习要求：通过查找相关信息，了解新能源汽车车辆作业前场地的准备工作及要点。
具体要求：

1）在汽车行驶一定里程和时间后，应对汽车进行全面的检查与维护，以降低机件磨损速度，减少运行故障，使汽车具有良好的_____、_____，延长使用寿命，确保_____。

2）请查阅资料填写下表中 A/B 级维护保养分别对应的维护保养项目。

维护保养级别	维护保养项目	累计行驶里程/km					
		10 000	20 000	30 000	40 000	50 000	以此类推
A 级维护保养	全车保养	√		√		√	
B 级维护保养	高压、安全检查		√		√		√

3）电动汽车检查与维护作业以保证安全为首，因此应遵循以下安全操作规范。
①检查与维护场地周边不得有易燃物品及与工作无关的金属物品。
②检查与维护人员必须佩戴必要的防护工具，不得佩戴金属饰物。
③与工作无关的工具不得带入工作场地，必须使用的金属工具，其手持部分一定要做绝缘处理。
④检查与维护现场整车高压通电，必须二人以上进行，一人操作、另一人监护。
⑤检查与维护过程中严格遵循先低压后高压、先常规项后高压系统项的顺序。
⑥为保证操作过程中的绝对安全，场地工作区域警示标牌、标线应清晰，隔离距离正常。

4）作业前应检查与维护专用工具，请在下表中填写各个工具的用途。

序号	工具和设备名称	用途	序号	工具和设备名称	用途
1	故障诊断仪（BDS）		7	护目镜	
2	汽车举升机		8	绝缘安全帽	
3	绝缘拆装工具		9	万用表	
4	绝缘手套		10	红外线温度仪	
5	绝缘垫		11	灭火器	
6	实训工装		12	绝缘表	

5）北汽新能源系列电动汽车维护保养项目按照系统可以划分为动力电池系统、电机系统、电控系统、制动系统、转向系统、车身系统、传动及悬挂系统、冷却系统、空调系统。

6）（多选）下列选项中属于电动汽车维护保养场地要求的是（　　）。
　　A. 通风良好　　　　B. 光线充足　　　　C. 地面为宽敞斜坡
　　D. 配备常用维护保养工具，气路、电路完整　　E. 周边无大功率电气设备　　F. 水泥地

7）（判断）保养电池在存放时，严禁处于亏电状态。（　　）

8）（判断）当电池闲置不用时，应每月补充电一次，这样能较好地保持电池健康状态。（　　）

9）在使用过程中，如果电动汽车的续驶里程在短时间内突然大幅下降十几千米，则很有可能是电池组中最少有一块电池出现问题。

10）（多选）下列属于电动汽车维护保养的正确做法的是（　　）。
　　A. 存放时亏电　　　B. 定期检查　　　　C. 避免大电流放电
　　D. 正确掌握充电时间　　　　　　　　　E. 防止暴晒

11）（单选）当发现下述哪个情况时，应及时清除氧化物或更换插接件。（　　）
　　A. 充电时插头发热　　　　　　　　　　B. 接触面氧化
　　C. 220 V 电源插头松动　　　　　　　　D. 充电器输出插头松动

12）（判断）一般情况下，电池平均充电时间在 10 h 左右。充电过程中，如果电瓶温度超过 65 ℃，应停止充电。

13）（判断）温度过高的环境会使电池内部压力增加而使电池失水，引发电池活性下降，加速极板老化。

14）（判断）在进行电动汽车等新能源汽车检修时，与传统内燃机汽车检修不同，新能源汽车检修不需要安放车轮挡块、安装维护保养三件套和铺设翼子板防护垫等用具。（　　）

15）（判断）在准备电动汽车场地时，只要以前测试过绝缘垫的绝缘阻值，一个月内都不需要再次测量。（　　）

学习活动 3　制订计划

建议学时：1~2 学时。

学习要求：能与相关人员进行专业有效的沟通，根据新能源汽车检查与维护的作业前准备工作，制订场地布置和工作准备的作业计划。

具体要求：

1）根据车辆检查与维护作业前场地准备要求，制订车辆停放检查与安全防护、工具和设备及场地检查作业计划，并填写下表。

序号	作业项目	操作要点
1	车辆停放检查及安全防护	
2	车辆作业场地安全警戒	
3	高压防护工具和设备检查	
4	车辆作业区域高压安全检测	
5	车身漆面防护	
计划审核	审核意见： 年　　月　　日　　签字	

2）根据检查与维护的作业计划，完成小组成员任务分工，并记录下表中的内容。

操作人		记录员	
监护人		展示员	
作业注意事项			

①实训开始前，应摘掉戒指、手表、项链等金属饰物，脱去宽松的衣服，换上实训工装，长头发应挽起固定于脑后；
②按正确的方法使用状态良好的工具，使用后应立即清理；
③在使用汽车举升机时，应严格按照汽车举升机的操作规程进行作业；
④在整车实训时，应确保点火开关处于 LOCK 位置，操作另有要求除外；
⑤在就车工作时，应施加驻车制动，除非特定操作要求置于其他挡位

检测设备/工具/材料			
序号	名称	数量	清点
1	新能源实训汽车	1辆	□已清点
2	汽车举升机	1台	□已清点
3	实训工装	1套	□已清点
4	高压防护用具	1套	□已清点
5	绝缘维修工具	1套	□已清点
6	万用表	1块	□已清点
7	车轮挡块	4块	□已清点
8	维护保养三件套	1套	□已清点
9	警示牌	1个	□已清点
10	翼子板防护垫	1套	□已清点

学习活动 4　实施计划

建议学时：6~8 学时。

学习要求：能根据制订的作业计划，通过检查与维护项目的作业流程和规范，在规定时间内熟练进行安全防护基本操作，完成工具和设备准备和场地布置等工作。

具体要求：

1）进行维护保养作业前进行现场环境检查，并填写下表。

	通风良好、光线充足、地面平整宽敞	□是 □否
	配备常用维护工具和设备，气路、电路完整安全	□是 □否
	作业区域地面铺设绝缘垫	□是 □否

2）安装维护保养三件套，将车辆停放在合适工位，并填写下表。

	维护保养三件套名称	
	安装顺序	
	安装维护保养三件套的原因	

3）检查驻车制动器及挡位位置，并填写下表。

	①检查驻车制动器位置	驻车制动器位置	□落下 □提起
	②检查挡位位置	挡位位置	□R挡 □N挡 □D挡 □E挡
	注意事项：在检查驻车制动器和挡位位置时，动作要轻，以免损坏制动器及变速杆。不要随意操作转向盘，以及喇叭、车灯、刮水器、空调和收音机等车内电器的按钮		

4）安放车轮挡块，固定车辆位置，并填写下表。

车轮挡块安放位置	□左前轮　□右前轮 □左后轮　□右后轮
车轮挡块数量	□1　□2　□3　□4
安放挡块的原因	

5）在检查与维护工位周围布置警戒带，并填写下表。

操作对象	
与车辆的距离	前：_____ m　后：_____ m 左：_____ m　右：_____ m
布置警戒带的原因	

6）放置危险警示牌，并填写下表。

警示牌的放置位置	□前机舱盖 □车顶 □地面
放置警示牌的作用	
说明： 在实际维修企业中，会设定专门的电动汽车维修工位，有警示标志	

7）检查高压防护用具完好情况，并填写下表。

绝缘手套	☐良好 ☐破裂	绝缘靴	☐良好 ☐破裂
绝缘安全帽	☐良好 ☐破裂	护目镜	☐良好 ☐破裂
检查项目			
绝缘防护电压	_____ V		

8）检查绝缘维修工具，完好情况，并填写下表。

绝缘维修工具检查结果	☐正常 ☐破损，破损件：_____
绝缘防护电压	_____ V

9）测量绝缘垫的绝缘阻值，判断其是否符合要求，并填写下表。

工具		自检结果	☐正常 ☐损坏
挡位		选择量程	☐500 V ☐1 000 V
测量点及测量值	理论值：_____	☐左前轮地面	_____ GΩ
		☐右前轮地面	_____ GΩ
		☐左后轮地面	_____ GΩ
		☐右后轮地面	_____ GΩ
		☐车辆中心下	_____ GΩ

10）铺设翼子板防护垫，并填写下表。

翼子板防护垫铺设数量	☐1 ☐2 ☐3 ☐4
铺设翼子板防护垫的原因	

学习任务一　新能源汽车检查与维护作业前场地准备

学习活动 5　检查质量

建议学时：1 学时。
学习要求：学生应根据新能源汽车检查与维护的要求，按指导教师和车辆作业前场地检查标准对新能源汽车实训场地准备情况进行检查，在项目检查工单上填写评价结果。
具体要求：指导教师检查本组作业结果，针对作业过程中出现的问题提出改进措施及建议，并填写下表。

序号	评价标准	评价结果
1	车辆停放位置是否合适	
2	车辆作业区域防护是否符合要求	
3	工具和设备检查是否规范、全面	
4	场地安全警戒操作是否正确	
综合评价	☆ ☆ ☆ ☆ ☆	
综合评语（作业问题及改进建议）		

学习活动 6　评价反馈

建议学时：1 学时。
学习要求：能讲述和展示新能源汽车车辆作业前场地的要点，在检查与维护结束后及时记录、反思、评价、存档，总结工作经验，分析不足，提出改进措施，注重自主学习与提升。
具体要求：
1）学生根据自己在实训中的实际表现进行自我反思和自我评价。
自我反思：_____
_____
_____

自我评价：_____
_____
_____

2）指导教师根据学生在实训中的实际表现进行评价打分，并记录下表中的得分。

项目	评分标准	分值	得分
接受任务	明确工作任务，理解任务在工作中的重要程度	5	
信息收集	了解电动汽车检查与维护工位地面、设备等要求	10	
制订计划	计划合理可行	8	
	能协同小组成员安排任务分工	5	
计划实施	能在实施前准备好所需要的工具和设备	5	
	检查车辆停放位置是否合适	2	
	正确安装维护保养三件套	5	
	检查驻车制动器及挡位位置	6	
	正确安放车轮挡块	5	
	在维修检查与维护工位周围布置警戒带	4	
	放置危险警示牌	4	
	检查高压防护用具完好情况	6	
	检查绝缘维修工具完好情况	6	
	测量绝缘垫的绝缘阻值	10	
	正确铺设翼子板防护垫	5	
质量检查	顺利完成任务，操作过程规范	10	
评价反馈	能对自身表现情况进行客观评价	2	
	能在任务实施过程中发现自身问题	2	
合计		100	

学习任务二
新能源汽车检查与维护工具和设备使用

学习目标

1. 熟知车载诊断电路（on board diagnostic，OBD）接口针脚的定义，能正确连接诊断设备，完成车辆检测。
2. 了解高压防护设备的作用及防护等级，能正确佩戴个人防护用具。
3. 正确使用绝缘万用表功能按钮及开关挡位，完成电池电压测量。

素质目标

1. 严格按规范执行高压安全操作。
2. 具备良好的动手实践能力。
3. 严格执行 6S 标准。
4. 培养团队协作精神。

建议学时

12~16 学时。

工作情境描述

王磊是某汽车服务有限公司的一名学徒工，在日常检查与维护中为其他维修技师做副手，对一些基本的检查与防护工具也能简单使用。现需王磊完成故障诊断仪连接、个人防护用具佩戴，并使用万用表检查电池电压等工作。

工作流程与活动

学习活动 1　接受任务

建议学时：1 学时。
学习要求：学习新能源汽车检查与维护工具使用的要点知识，进行检查与维护的提前学习。

具体要求：电动汽车检查与维护需要使用专用的检修工具，当进行高压作业时，操作人员需佩戴个人防护用具。因此，对基本工具和设备的使用是维修工日常工作的必备技能。

学习活动 2　信息收集

建议学时：2~3 学时。

学习要求：通过查找相关信息，熟知新能源汽车检查与维护工具和设备的使用要点和注意事项。

具体要求：

1）汽车举升机是用于汽车维修过程中举升汽车的设备，请写出下表中不同类型汽车举升机的名称。

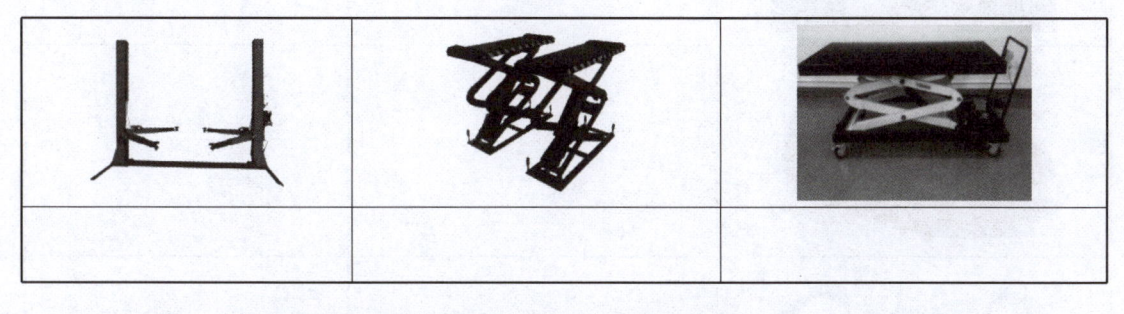

2）（判断）汽车举升机操作简单，使用方便，最大的特点是安全，不存在安全隐患。（　　）

3）（单选）关于汽车举升机的安全操作规程，下列说法中错误的是（　　）。

A. 使用前应清除汽车举升机附近妨碍作业的器具及杂物
B. 支车时，四个支角或垫块只要对应在车架的正确位置即可，可不在同一平面上
C. 举升时人员应离开车辆
D. 汽车举升机不得频繁起落，支车时举升要稳，降落要慢

4）对于汽车举升机，应定期（半年）排除油缸积水，并检查油量，油量不足应及时加注相同牌号的压力油。同时，应检查液压油缸、润滑状态、传动齿轮、钢绳及传动轮等是否正常。

5）带电作业或使用电气工具时，为防止工作人员触电，必须使用绝缘工具。请识别下表中的工具。

图例	工具名称	用途描述
高压危险 Danger high voltage		

续表

图例	工具名称	用途描述

续表

图例	工具名称	用途描述

6）钳形电流表又叫电流钳，是利用电流互感器原理制成的，分为指针式和数字式两种。

7）关于钳形电流表的使用，请在下图中标出"正确"或"错误"。

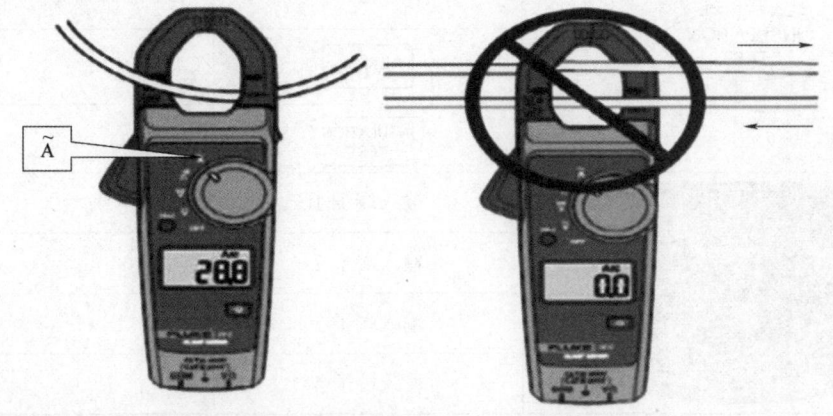

8）（判断）钳形电流表使用时应按紧扳手，直至数据测量完毕。（　　）

9）FLUKE 1587C 绝缘万用表可以测量电压、电流、电阻、电容、导通性和绝缘电阻等。

10）（判断）为了避免触电或损坏仪表，在测量电阻、导通性、二极管或电容之前，要断开电路电源并将所有高压电容器放电。（　　）

11）绝缘测试只能在不通电的电路上进行。

12）请将下列绝缘检测过程排序：_____。

①将测试探头插入" + "和" - "输入端子。

②按"RANGE"键选择电压后，将探头与待测电路连接。

③按"TEST"键开始测试。

④将旋钮转至 INSULATION（绝缘）位置。

13）请查询《FLUKE 1587 系列用户手册》并认真阅读，完成下表中信息的填写。

仪表盘图示	开关挡位	测量功能
	$\tilde{V}$	
	$\overline{V}$	
	$m\overline{V}$	
	Ω	
	))))	
	$\overline{\widetilde{mA}}$	
	HOLD	
	MINMAX	
	Hz	
	RANGE	
	INSULATION TEST	
	输入端子 1	
	输入端子 2	
	输入端子 3	
	输入端子 4	

14）故障诊断仪的作用是什么？

_____

_____

15）请查阅资料，补充下表中故障诊断仪的功能。

功能图标	功能名称	功能描述

学习活动 3　制订计划

建议学时：2~3 学时。

学习要求：能与相关人员进行专业有效的沟通，根据新能源汽车检查与维护工具的使用要求，制订故障诊断仪使用、佩戴高压防护用具及测量电池电压的作业计划，完成小组成员任务分工。

具体要求：

1）根据电动汽车维修工具的使用要求，制订故障诊断仪使用、高压防护用具及测量电池电压的作业计划，并填写下表。

序号	作业项目	操作要点
1	将故障诊断仪与车辆、计算机进行连接	
2	使用装有诊断系统的计算机读取车辆信息	
3	佩戴护目镜、绝缘安全帽和绝缘手套	
4	使用万用表测量电池电压	
5	使用汽车举升机举升车辆	
计划审核	审核意见： 年　月　日　签字	

2）根据检查与维护的作业计划，完成小组成员任务分工，并记录下表中的内容。

操作人		记录员	
监护人		展示员	
作业注意事项			

①严禁违规使用绝缘工具、仪器仪表，注意轻拿轻放，有序操作；
②严格遵守实训规程，按照指导教师要求完成实训操作；
③为保证安全，严禁在车辆行驶的条件下进行任何实训测试；
④严禁长时间针对辅助电池进行放电操作，可采用其他低压电源设备替代；
⑤若仪器仪表出现故障问题，请立即停止一切操作，严禁私自拆卸修复

续表

检测设备/工具/材料

序号	名称	数量	清点
1	新能源实训汽车	1辆	□已清点
2	计算机	1台	□已清点
3	故障诊断仪诊断系统	1套	□已清点
4	高压防护用具	1套	□已清点
5	绝缘维修工具	1套	□已清点
6	万用表	1块	□已清点
7	汽车举升机	1台	□已清点

学习活动4　实施计划

建议学时：6~8学时。

学习要求：能根据制订的检查与维护计划，以及新能源汽车检查与维护工具的使用流程和规范，进行工具的规范使用。

具体要求：

1）使用故障诊断仪快速读取车辆信息。

①将故障诊断仪连接到车辆OBD诊断接口，并填写下表。

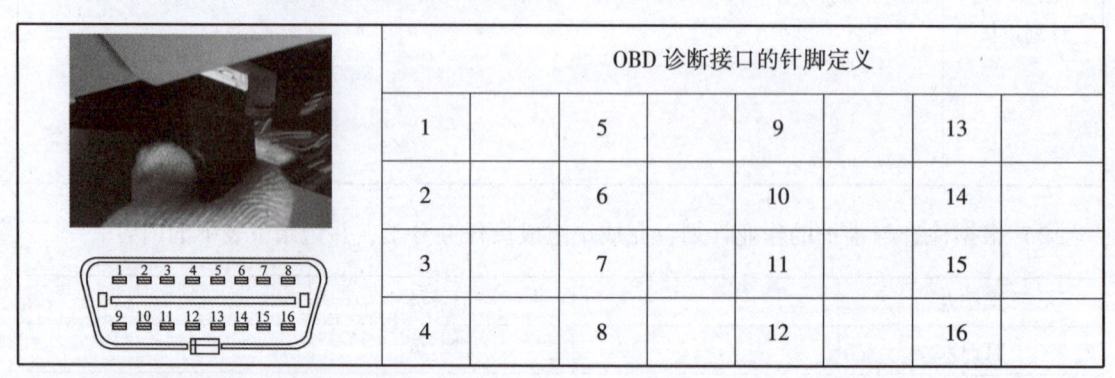

OBD诊断接口的针脚定义			
1	5	9	13
2	6	10	14
3	7	11	15
4	8	12	16

②打开计算机，将故障诊断仪USB接口与计算机连接，打开新能源汽车故障诊断仪诊断系统软件。将诊断程序版本及车辆选择填入下表。

诊断程序版本	示例：Ver16.0（2016-12）
车辆选择	

③起动车辆，选择"快速测试"，然后在下表中记录测试结果。

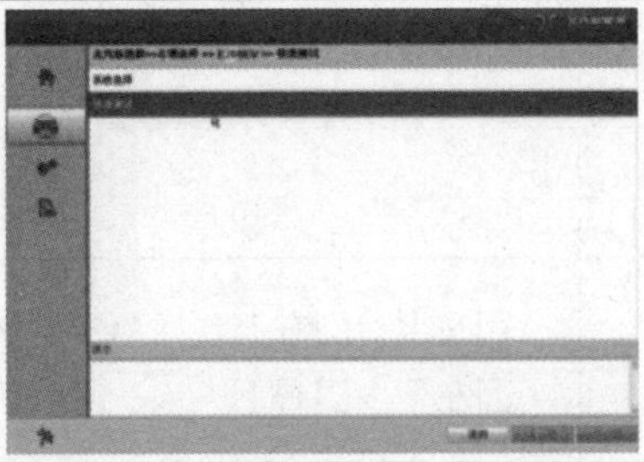 点火开关位置	□LOCK □ACC □ON □START	
测试结果记录	故障码	描述

2）准备并佩戴高压防护用具。
①准备高压防护用具，并在下表中写出图示用具名称。

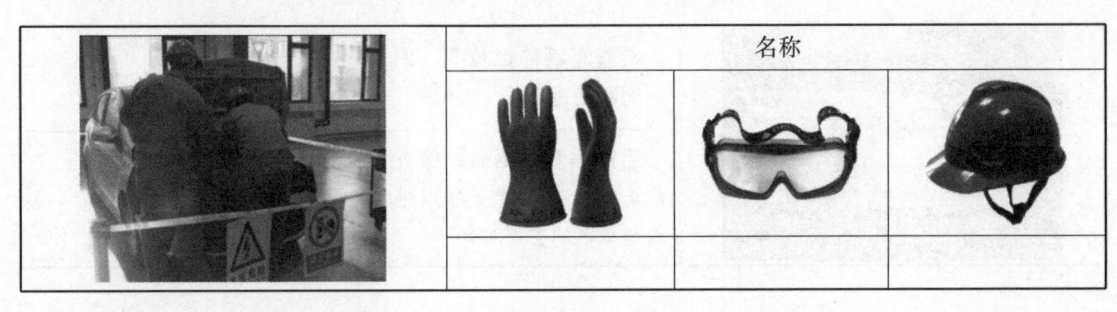

	名称

②佩戴高压防护用具，然后在下表中记录相关数据。

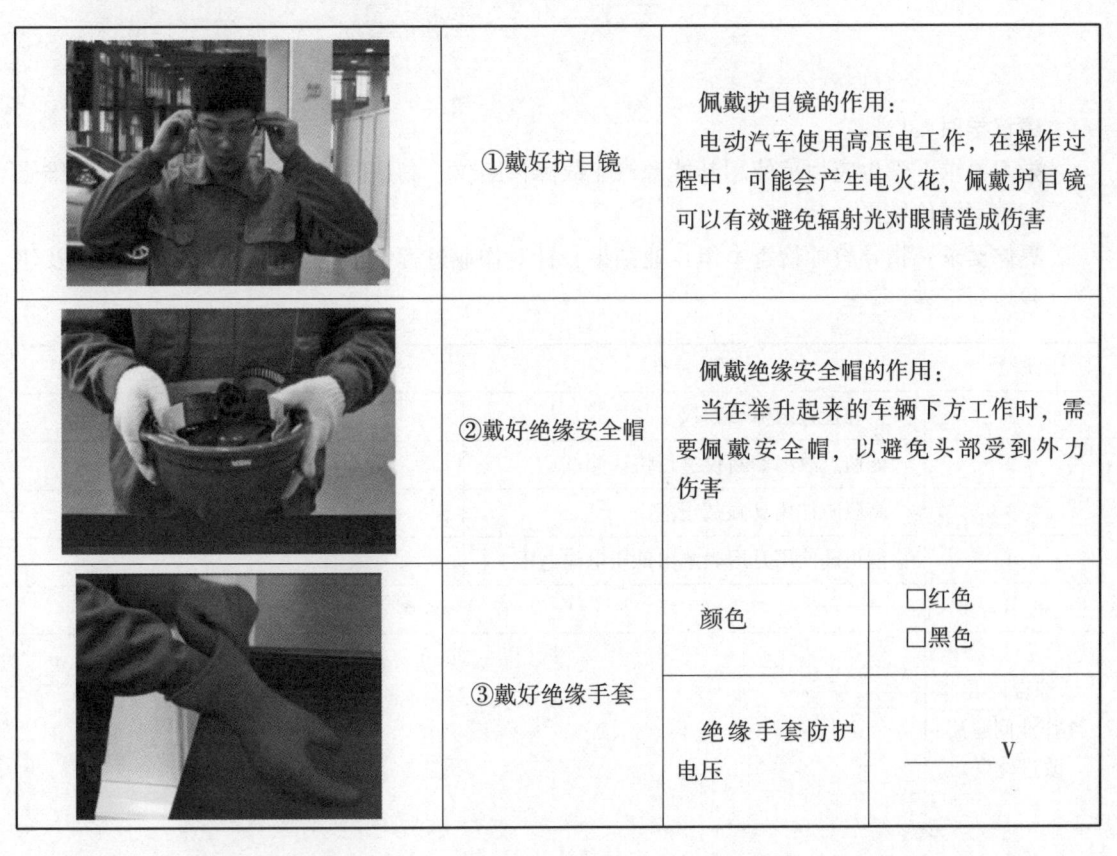

	①戴好护目镜	佩戴护目镜的作用： 电动汽车使用高压电工作，在操作过程中，可能会产生电火花，佩戴护目镜可以有效避免辐射光对眼睛造成伤害	
	②戴好绝缘安全帽	佩戴绝缘安全帽的作用： 当在举升起来的车辆下方工作时，需要佩戴安全帽，以避免头部受到外力伤害	
	③戴好绝缘手套	颜色	□红色 □黑色
		绝缘手套防护电压	_____ V

学习任务二 新能源汽车检查与维护工具和设备使用

3）使用万用表测量蓄电池电压，并在下表中记录相关数据。

	万用表挡位	
	测得数据	
	测试线插孔	□左上　□右上 □左下　□右下

4）当需要对车辆底盘进行作业时，请使用汽车举升机举升车辆，并在下表中记录相关数据。

	检查车辆停放位置，四周间距是否合适	左右：□是　□否 前后：□是　□否
	当需举升车辆时，检查汽车举升机悬臂支撑点是否与车辆的支点对齐	支点数量	
		是否对齐	□是 □否

学习活动 5　检查质量

建议学时：1 学时。

学习要求：学生应规范使用新能源汽车故障诊断仪、高压防护用具、万用表等，在维修工单上填写评价结果。

具体要求：指导教师检查本组作业结果，针对作业过程中出现的问题提出改进措施及建议，并填写下表。

序号	评价标准	评价结果
1	正确连接故障诊断仪	
2	能通过故障诊断仪进行快速测试	
3	高压防护用具佩戴规范	
4	能正确使用万用表测出低压电池电压	
综合评价	☆ ☆ ☆ ☆ ☆	
综合评语 （作业问题及 改进建议）		

学习活动 6　评价反馈

建议学时：1 学时。
学习要求：讲述和展示新能源汽车检查与维护工具使用的要点，在检查与维护结束后及时记录、反思、评价、存档，总结工作经验，分析不足，提出改进措施，注重自主学习与提升。
具体要求：
1）学生根据自己在课堂中的实际表现进行自我反思和自我评价。
自我反思：_____
_____
_____

自我评价：_____
_____
_____

2）指导教师根据学生在课堂中的实际表现进行评价打分，并记录下表中的得分。

项目	评分标准	分值	得分
接受任务	明确工作任务，理解任务在工作中的作用	5	
信息收集	能说出故障诊断仪的作用	8	
	知道护目镜、绝缘安全帽和绝缘手套的佩戴规范	4	
	知道万用表各挡位及按键的功能	8	
制订计划	计划合理可行	10	
	能协同小组成员安排任务分工	5	
计划实施	能在实施前准备好所需要的工具和设备	5	
	熟知车辆 OBD 诊断接口的针脚定义，能正确连接诊断设备	6	
	使用故障诊断仪诊断系统对车辆进行快速测试	9	
	正确完成高压防护用具的佩戴	8	
	正确使用万用表功能按钮及开关挡位	8	
	完成电池电压测量，结果正确	3	
	规范使用汽车举升机举升车辆	5	
	正确规范完成维修作业后现场恢复及工具归整	2	
质量检查	顺利完成任务，操作过程规范	10	
评价反馈	能对自身表现情况进行客观评价	2	
	能在任务实施过程中发现自身问题	2	
	合计	100	

拓展园地

新能源汽车检查维护保养工具的使用需要注重6S标准，养成凡事认真的习惯（认真对待工作中的每一件"小事"和每一个细节）。

6S指的是整理（seiri）、整顿（seiton）、清扫（seiso）、清洁（seikestsu）、素养（shitsuke）、安全（security）6个项目，因均以"S"开头，简称6S。通过标准化现场和展示对象，创造整洁的环境，培养员工良好的工作习惯。

1）整理：将办公物品分为必要物品和非必要物品、普通物品和贵重物品、一般物品和贵重物品。

2）整顿：非必要物品果断报废，必要物品妥善保管，使办公场所井然有序，并能始终保持良好的状态。这样，可以有效地避免浪费时间和匆忙寻找物品。

3）清扫：定期对各办公设施周围进行清洁、打扫，保持无垃圾、污物。

4）清洁：将整理、整顿、清扫进行到底，形成制度化，往往保持优美环境。

5）素养：每个成员都养成良好的习惯，遵守规则，培养积极主动的精神（也称为习惯）。目标：培养有良好习惯和遵守规则的员工，培养团队精神。

6）安全：始终树立安全第一的理念，未雨绸缪。

6S标准实施目标、方法和原则如下。

目标：建立安全生产环境，一切工作以安全为基础。方法和原则：从无到有，从有到好；先易后难，先主后次；自我管理，持之以恒；从点到面，逐步推进；齐抓共管，各负其责。通过以上方法和原则，使6S标准的实施能有效地改善工作环境，逐步提高工作效率。

学习任务三
新能源汽车新车交付前检查

学习目标

1. 能说出新车交付前检查（pre-delivery inspection，PDI）的检查要点。
2. 能规范、快速、准确地对新车进行检查。
3. 能在新车检查过程中客观地记录检查结果。

素质目标

1. 严格按规范执行高压安全操作。
2. 具备良好的动手实践能力。
3. 严格执行6S标准。
4. 培养团队协作精神。

建议学时

12~16学时。

工作情境描述

客户王先生上周在新能源汽车销售店预约明天来店提车，因此今天客户经理安排PDI专员小刘给王先生的新能源汽车做一次新车PDI作业。

工作流程与活动

学习活动1　接受任务

建议学时：1学时。

学习要求：能查阅《汽车售后服务规范》中新能源汽车新车检查与维护的项目，明确作业前的准备工作。

具体要求：

1）车辆作业前场地准备工作是车辆检查与维护前的日常工作，检查与维护人员需要做好防护检查等准备工作，保证车间作业安全。

2）新能源汽车检查与维护需要使用专用工具，当进行高压作业时，操作人员需佩戴高压防护用具。因此，掌握基本工具、仪表的使用是维修工日常工作的必备技能。

学习活动 2　信息收集

建议学时：2~3 学时。

学习要求：通过查找相关信息，了解新能源汽车新车交付前检查项目的要点，能规范、快速、准确地对新车进行检查，能在新车检查过程中客观地记录检查结果。

具体要求：

1）PDI 是新车送交客户之前进行的全面检查，其英文名称为_____。

2）_____是新车在投入运行前的一个重要环节，涉及_____、_____和客户三方的关系，是消除质量事故隐患的必要措施和新车质量的再次验证，也是对购车客户兑现承诺及系列优质服务的开始。

3）（判断）新车出厂时应有厂检的技术质量标准，配齐各种装备和附件，但也难免一时疏忽，如生产线上人为错误导致的差错和损坏。（　　）

4）PDI 按照交付对象的不同，一般分为三级：_____
_____

5）（多选）汽车服务行业自 2019 年 4 月 1 日起实施《汽车售后服务规范》（GB/T 36686—2018），其中关于 PDI 的基本要求有（　　）。

A. 供方在将汽车交给客户前，应保证整车完好

B. 供方应对汽车性能进行测试，确保汽车的安全性和动力性良好

C. 供方应保证汽车的辅助设备功能齐全

D. 供方应向客户提供汽车使用说明，由客户阅读并了解汽车的使用常识

6）（单选）下列选项中属于销售 PDI 的是（　　）。

A. 商品车交付物流公司发运前进行的车辆质量状态检查

B. 商品车交付最终客户前进行的车辆质量状态检查

C. 商品车送达经销商处，经销商进行的车辆质量状态验收检查

D. 商品车出厂前厂家质检部进行的车辆质量状态检查

7）PDI 顺序准确序号是_____。

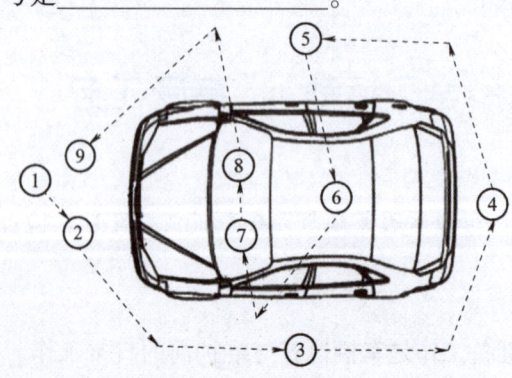

8)（判断）当进行 PDI 时，应检查车辆各个部位的漆面是否完好。（　　）

9)（判断）当检查前机舱时，由于洗涤液和冷却液可以后续再加入，所以不必检查。（　　）

10)（判断）对于北汽纯电动汽车来说，备胎不属于必备随车物品，检查时应视情况而定。（　　）

11）新能源汽车新车交付条件有：

_____
_____
_____
_____

学习活动 3　制订计划

建议学时：1~2 学时。

学习要求：能与新能源汽车新车 PDI 相关人员进行专业、有效的沟通，根据新能源汽车 PDI 作业内容、流程、检查要点来制订新能源汽车新车 PDI 作业计划，并能进行作业前的工具和设备准备工作。

具体要求：

1）根据车辆检查与维护要求，制订针对车辆洗涤液检查的作业计划，并填写下表。

序号	作业项目	操作要点
1	整体检查	
2	车辆前部检查	
3	车辆左侧检查	
4	车辆后部检查	
5	车辆右侧检查	
6	车辆内饰及操作件功能检查	
7	车辆前机舱检查	
计划审核	审核意见： 　　　　　　　　　　年　　月　　日　签字	

2）根据检查与维护的作业计划，完成小组成员任务分工，并记录下表中的内容。

操作人		记录员	
监护人		展示员	
作业注意事项			
①开始作业前，应做好个人着装准备、场地准备和工具准备； ②在进入车内操作前，应先安装维护保养三件套； ③在多人作业，起动运转设备或机器时，必须事先发出起动操作信号，确认安全后方可起动，并且当机器设备运行时，身体及衣服应远离转动部件； ④在整车实训时，确保点火开关处于 LOCK 位置，操作另有要求除外； ⑤在就车工作时，应施加驻车制动（检查该部件时除外），除非特定操作要求置于其他挡位，否则应将挡位置于 N 位			
检测设备/工具/材料			
序号	名称	数量	清点
1	新能源汽车	1辆	□已清点
2	隔离柱	1个	□已清点
3	警戒线	1卷	□已清点
4	警示牌	1套	□已清点
5	维护保养三件套	1套	□已清点
6	实训工装	1套	□已清点
7	高压防护用具	1套	□已清点
8	线手套	1副	□已清点

学习活动 4　计划实施

建议学时： 6~8 学时。

学习要求： 能根据制订的作业计划，以及新能源汽车 PDI 的作业流程和规范，快速、准确地完成新能源汽车 PDI 检查任务，并在新车检查过程中客观地记录检查结果。

具体要求：

1）请完成新能源汽车进行作业前的检查及车辆防护，并记录信息。

①检查与维护作业前现场环境检查，并记录内容和结果（见下表）。

	作业内容：
	作业结果：

②检查与维护作业前进行防护用具检查，并记录内容和结果（见下表）。

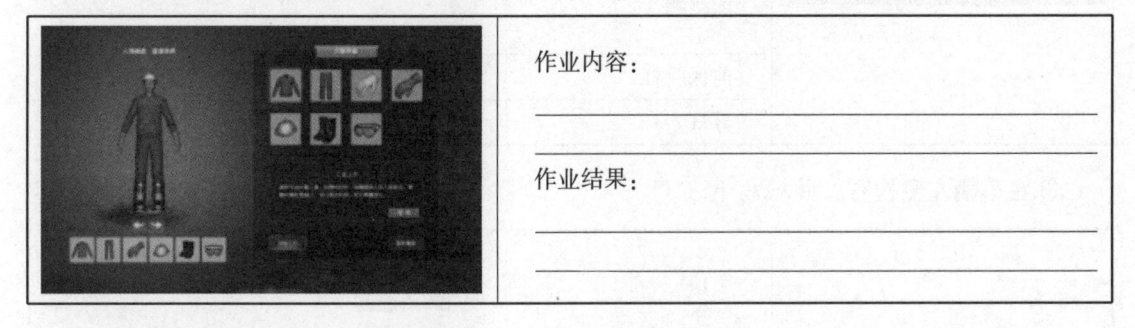

	作业内容：
	作业结果：

③检查与维护作业前实施车辆防护，并记录内容和结果（见下表）。

	作业内容：
	作业结果：

2）PDI。

①进行车辆整体检查，并填写下表。

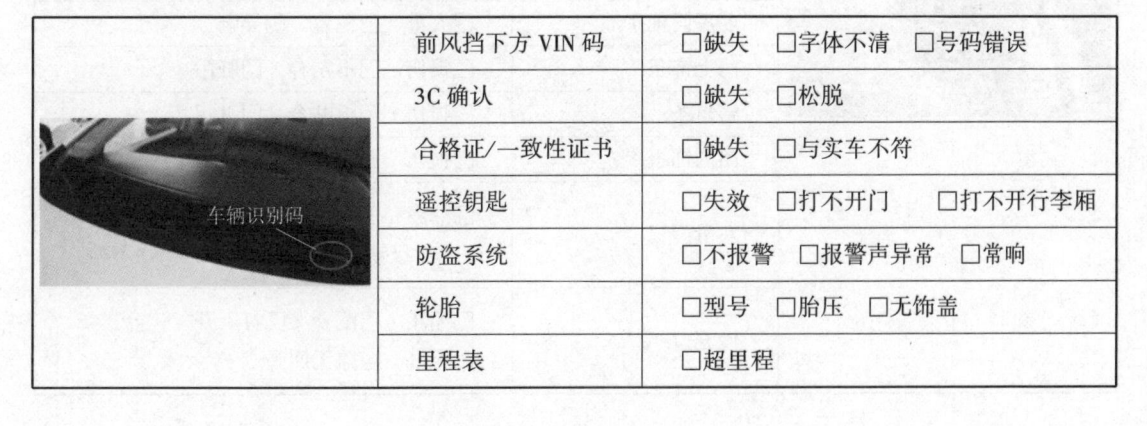

	前风挡下方 VIN 码	□缺失　□字体不清　□号码错误
	3C 确认	□缺失　□松脱
	合格证/一致性证书	□缺失　□与实车不符
车辆识别码	遥控钥匙	□失效　□打不开门　□打不开行李厢
	防盗系统	□不报警　□报警声异常　□常响
	轮胎	□型号　□胎压　□无饰盖
	里程表	□超里程

②在车辆前部检查,并填写下表。

前盖	□油漆 □配合 □脏污 □凹凸 □无法打开 □无法关闭
雨刮盖板	□损伤 □脏污 □配合
雨刮	□损伤 □锈蚀 □位置不当
前灯	□配合 □不亮 □常亮 □水汽
前格栅	□损伤 □配合 □快充 □阻滞 □充电 □盖无回弹
前保险杠	□损伤 □配合 □变形 □色差
雾灯	□损伤 □脏污 □不亮 □常亮

③在车辆左侧检查,并填写下表。

车顶	□油漆 □脏污 □凹凸 □饰条翘起
盲窗	□油漆 □变形
左翼子板	□油漆 □配合 □凹凸
左车门	□油漆 □配合 □凹凸 □焊点 □1/2级锁 □开关力大 □开关异响
车辆铭牌	□缺失 □字体不清 □号码错误
轮胎气压标签	□缺失 □字体不清 □号码错误
儿童锁	□功能失效
左 A/B/C/D 柱	□油漆 □脏污 □凹凸
左后视镜	□损伤 □无法折叠 □异响 □无法调节
前后门把手	□太重 □色差 □异响
门上饰条	□损伤 □不贴合 □脏污
密封条	□损伤 □不贴合 □脏污
门内饰板	□损伤 □配合 □脏污
左滑门	□油漆 □配合 □凹凸 □焊点 □1/2级锁 □开关力大 □开关异响
慢充口	□油漆 □配合 □打不开 □充电 □盖无回弹

④在车辆后部检查，并填写下表。

	行李厢盖/后举门	☐油漆 ☐配合 ☐凹凸 ☐1/2 级锁 ☐开关力大 ☐维修标签破损 ☐无法打开 ☐无法关闭
	后灯	☐配合 ☐不亮 ☐常亮 ☐水汽
	后保险杠	☐损伤 ☐配合 ☐变形 ☐色差
	徽标	☐缺失 ☐不正 ☐翘起
	牌照板	☐划伤 ☐松动
	后盖内 VIN	☐缺失 ☐字体不清 ☐号码错误
	行李厢地毯	☐脏污 ☐不平整 ☐配合
	备胎	☐缺失 ☐配置错
	充电线	☐缺失 ☐配置错 ☐损伤
	工具包	☐缺失 ☐损伤
	千斤顶	☐缺失
	三角牌	☐缺失 ☐损失
	灭火器	☐缺失 ☐损失

⑤在车辆右侧检查，并填写下表。

	车顶	☐油漆 ☐脏污 ☐凹凸 ☐饰边翘起
	盲窗	☐油漆 ☐变形
	右翼子板	☐油漆 ☐配合 ☐凹凸
	右车门	☐油漆 ☐配合 ☐凹凸 ☐焊点 ☐1/2 级锁 ☐开关力大 ☐开关异响
	轮胎气压标签	☐缺失 ☐字体不清 ☐号码错误
	儿童锁	☐功能失效
	右 A/B/C/D 柱	☐油漆 ☐脏污 ☐凹凸
	右后视镜	☐损伤 ☐无法折叠 ☐异响 ☐无法调节
	前后门把手	☐太重 ☐色差 ☐异响
	门上饰条	☐损伤 ☐不贴合 ☐脏污
	密封条	☐损伤 ☐不贴合 ☐脏污
	门内饰板	☐损伤 ☐配合 ☐脏污
	右滑门	☐油漆 ☐配合 ☐凹凸 ☐焊点 ☐1/2 级锁 ☐开关力大 ☐开关异响

学习任务三 新能源汽车新车交付前检查

027

⑥坐在后排座椅上检查，并填写下表。

车内顶衬	□脏污　□配合　□褶皱
上扶手	□脏污　□不回位
前座椅	□脏污　□褶皱
门窗玻璃	□无法升降　□异响　□阻滞 □操作力大
座椅	□脏污　□异响 □缝线脱落　□选装错误 □成型不良　□线缝未对齐
座椅调节	□不工作　□调节费力
地毯（地板）	□松动　□凹凸　□变形　□异物
座椅靠背	□脏污　□不工作　□调节费力
头枕	□无法调节　□调节费力
安全带	□不回位　□卡不上　□脏污 □无法调节　□调节费力
车身	□焊点　□毛刺　□凹凸 □变形　□涂胶

⑦坐在主驾座椅上检查，并填写下表。

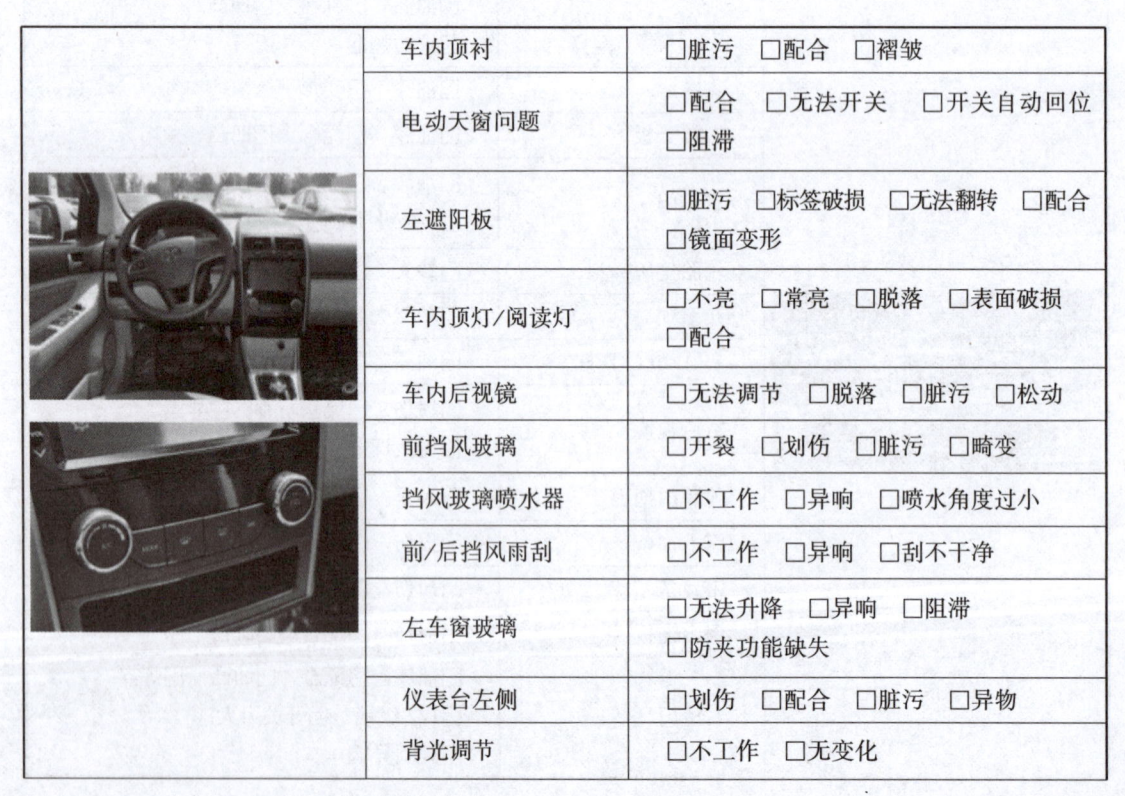

车内顶衬	□脏污　□配合　□褶皱
电动天窗问题	□配合　□无法开关　□开关自动回位 □阻滞
左遮阳板	□脏污　□标签破损　□无法翻转　□配合 □镜面变形
车内顶灯/阅读灯	□不亮　□常亮　□脱落　□表面破损 □配合
车内后视镜	□无法调节　□脱落　□脏污　□松动
前挡风玻璃	□开裂　□划伤　□脏污　□畸变
挡风玻璃喷水器	□不工作　□异响　□喷水角度过小
前/后挡风雨刮	□不工作　□异响　□刮不干净
左车窗玻璃	□无法升降　□异响　□阻滞 □防夹功能缺失
仪表台左侧	□划伤　□配合　□脏污　□异物
背光调节	□不工作　□无变化

续表

	仪表指示	☐不指示　☐指示异常　☐开关门报警 ☐挡位指示
	灯光操作件	☐阻滞　☐灯光不亮
	警告灯	☐不亮
	转向盘	☐损伤　☐脏污　☐无法调节 ☐调节异响
	喇叭	☐力重　☐不响　☐单音
	点烟器	☐不工作　☐不弹出　☐缺失 ☐按不下去
	车载电源	☐不工作　☐不弹出　☐没有 ☐无法打开　☐无法关闭　☐按不下去
	收音机	☐无法开机　☐无法收台　☐操作困难
	扬声器	☐无声音　☐声音异常　☐共鸣声
	信息中心	☐不显示　☐显示错误　☐无GPS定位
	空调系统	☐不制冷　☐不加热　☐异响　☐不够冷 ☐不够热　☐出风　☐阻滞 ☐脱落
	风扇/鼓风机	☐不工作　☐异响　☐异味 ☐无法维持温度　☐风向不正确
	挡风玻璃除霜除雾	☐不工作
	地毯（地板）	☐松动　☐凹凸　☐变形　☐异物
	座椅	☐脏污　☐异响 ☐缝线脱落　☐选装错误 ☐成型不良　☐线缝未对接
	座椅调节	☐不工作　☐调节费力
	座椅靠背	☐脏污　☐不工作　☐调节费力
	头枕	☐无法调节　☐调节费力
	安全带	☐不回位　☐卡不上　☐脏污　☐无法调节 ☐调节费力
	副仪表台	☐脏污　☐配合　☐盖无法打开 ☐打开异响　☐打开阻滞　☐异物
	驻车手柄	☐操纵力过大　☐指示灯不亮 ☐指示灯常亮　☐不回位

⑧坐在副驾座椅上检查，并填写下表。

车内顶衬	☐脏污 ☐配合 ☐褶皱
右遮阳板	☐脏污 ☐标签破损 ☐无法翻转 ☐配合 ☐镜面变形
上扶手	☐脏污 ☐不回位
右车窗玻璃	☐无法升降 ☐异响 ☐阻滞 ☐防夹功能缺失
仪表台右侧	☐划伤 ☐配合 ☐脏污 ☐异物
手套箱检查	☐无法开启 ☐无法关闭 ☐照明灯不亮 ☐照明灯常亮 ☐空调出风 ☐异物
文件袋	☐缺失
地毯（地板）	☐松动 ☐凹凸 ☐变形 ☐异物
车身钢印VIN	☐缺失 ☐字体不清 ☐号码错误
数据终端	☐灯不亮
座椅	☐脏污 ☐异响 ☐缝线脱落 ☐选装错误 ☐成型不良 ☐线缝未对齐
座椅调节	☐不工作 ☐调节费力
座椅靠背	☐脏污 ☐不工作 ☐调节费力
头枕	☐无法调节 ☐调节费力
安全带	☐不回位 ☐卡不上 ☐脏污 ☐无法调节 ☐调节费力

⑨检查车辆前机舱，并填写下表。

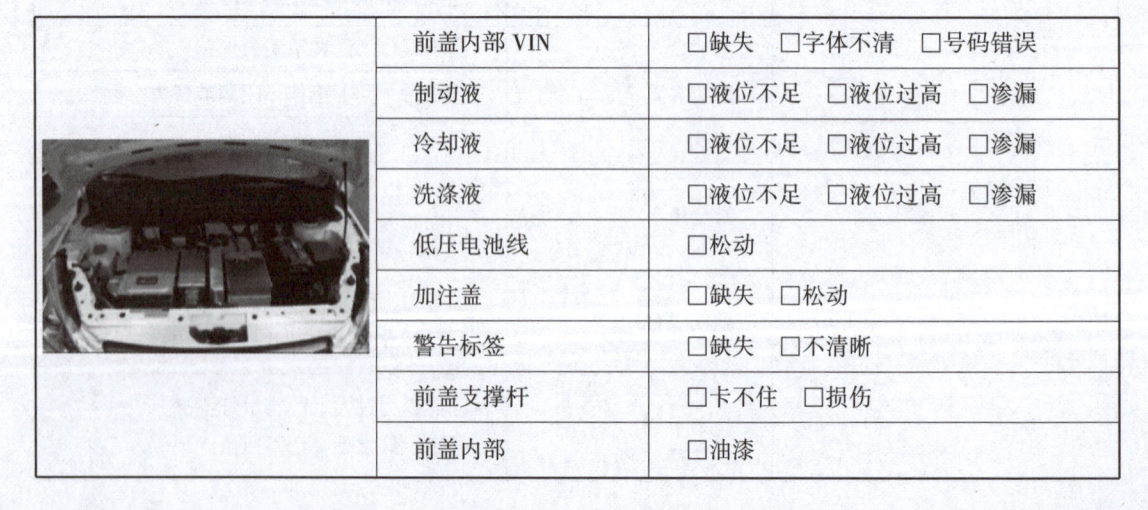

前盖内部VIN	☐缺失 ☐字体不清 ☐号码错误
制动液	☐液位不足 ☐液位过高 ☐渗漏
冷却液	☐液位不足 ☐液位过高 ☐渗漏
洗涤液	☐液位不足 ☐液位过高 ☐渗漏
低压电池线	☐松动
加注盖	☐缺失 ☐松动
警告标签	☐缺失 ☐不清晰
前盖支撑杆	☐卡不住 ☐损伤
前盖内部	☐油漆

学习活动 5 检查质量

建议学时：1 学时。

学习要求：学生根据新能源汽车新车 PDI 的规范要求，按行业和厂家的检查标准对新能源汽车新车的各个功能、组件、新旧等情况进行自检，在工单上填写检查与维护的结果。

具体要求：指导教师检查本组作业结果，针对作业过程中出现的问题提出改进措施及建议，并填写下表。

序号	评价标准	评价结果
1	PDI 前资料、设备准备齐全	
2	安全、规范地完成 PDI	
3	根据车型不同记录检查结果	
综合评价	☆ ☆ ☆ ☆ ☆	
综合评语（作业问题及改进建议）		

学习活动 6 评价反馈

建议学时：1 学时。

学习要求：讲述和展示新能源汽车新车检查交付的技术要点，在检查维护结束后及时记录、反思、评价、存档，总结工作经验，分析不足，提出改进措施，注重自主学习与提升。

具体要求：

1）学生根据自己在课堂中的实际表现进行自我反思和自我评价。

自我反思：_____

_____

自我评价：_____

_____

2）指导教师根据学生在课堂中的实际表现进行评价打分，并记录下表中的得分。

项目	评分标准	分值	得分
接受任务	明确工作任务，准确了解工作结果要求	5	
信息收集	掌握工作相关知识及操作要点	10	
制订计划	计划合理可行	5	
计划实施	操作前做好场地、工具等准备工作	5	
	能规范、准确地完成车辆整体检查	8	
	能规范、准确地完成车辆前部检查	8	
	能规范、准确地完成车辆左侧检查	8	
	能规范、准确地完成车辆后部检查	8	
	能规范、准确地完成车辆右侧检查	8	
	能规范、准确地完成车辆内饰及操作件功能检查	8	
	能规范、准确地完成车辆前机舱检查	8	
	能在整个操作过程中规范操作，避免意外事故发生	5	
	能在操作结束后整理清洁场地	4	
质量检查	按照要求完成相应任务	5	
评价反馈	经验总结到位，合理评价	5	
合计		100	

学习任务四
新能源汽车高压部件绝缘检测

学习目标

1. 能介绍电动汽车（electric vehicle，EV）各高压部件的名称及功能。
2. 能介绍各高压线束的连接部件及接口定义。
3. 能描述电动汽车高压系统的能量流动路径。
4. 掌握电动汽车高压部件绝缘检测工具的使用方法。
5. 能进行电动汽车高压部件绝缘检测。

素质目标

1. 严格按规范执行高压安全操作。
2. 具备良好的动手实践能力。
3. 严格执行 6S 标准。
4. 培养团队协作精神。

建议学时

12~16 学时。

工作情境描述

客户王先生是北汽新能源电动汽车 EV 系列的车主，今日来店做维护保养。王先生反映车辆偶尔报高压绝缘故障，希望维修技师能够重点检测车辆高压部件的绝缘情况。维修技师刘强接受了此项任务，对该车的高压部件及高压线束进行了外观检查和绝缘检测，最终诊断出故障所在并排除了故障。

工作流程与活动

学习活动1　接受任务

建议学时：1学时。

学习要求：学习电动汽车高压部件绝缘检测相关知识，掌握电动汽车高压部件绝缘检测工具的使用方法，能够进行高压部件绝缘检测。

具体要求：充分理解工作任务，梳理工作要求，了解工作要点和技巧，查阅相关信息，执行工作任务。

学习活动2　收集信息

建议学时：2~3学时。

学习要求：充分理解工作任务，梳理工作要求，了解工作要点和技巧，查阅相关信息，执行工作任务。

具体要求：

1）电动汽车的电气系统通常分为_____和_____。

2）低压系统为车辆的_____、刮水器、收录机、电动座椅等车身电器提供电能，一般采用直流_____或_____电源。

3）电动及混动汽车高压系统主要由_____、_____、电机控制器和电动机等电气设备组成，其工作电压一般在直流_____以上。

4）请查阅资料填写下图中各高压部件的名称。

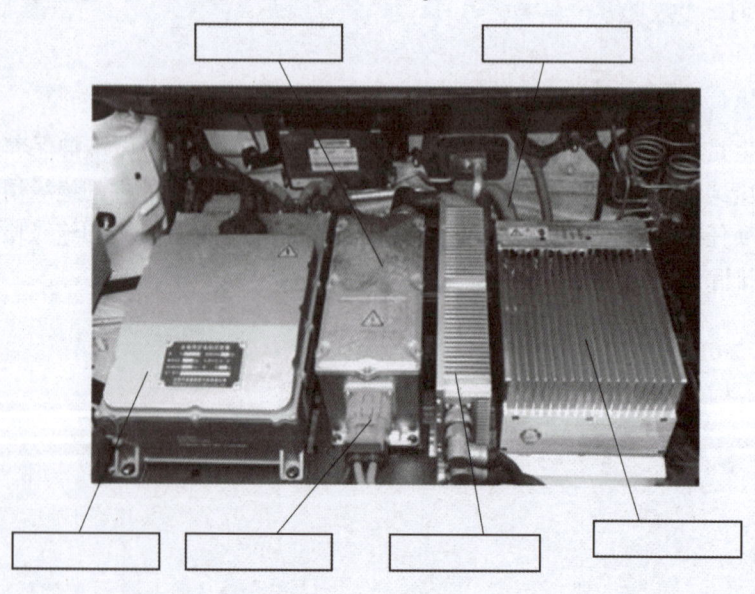

5）_____是电动汽车的核心，是纯电动汽车驱动能量的唯一来源，直接关系到电动汽车的续航能力，也与电动汽车的安全性直接相关。

6）（判断）电机控制器可以将直流电转换为三相高压交流电输出至驱动电机，却不能将交流电再变回直流电。（　　）

7）北汽新能源 EV200 采用_____，具有效率高、体积小、质量轻及可靠性高等优点。

8）_____将 220 V 交流电转换为动力电池的直流电，实现电池电量的补给。

9）_____将动力电池的高压直流电转换为整车低压直流电，给整车低压用电系统供电及低压电池充电。

10）请查阅学习材料，填写下图中各高压线束的名称。

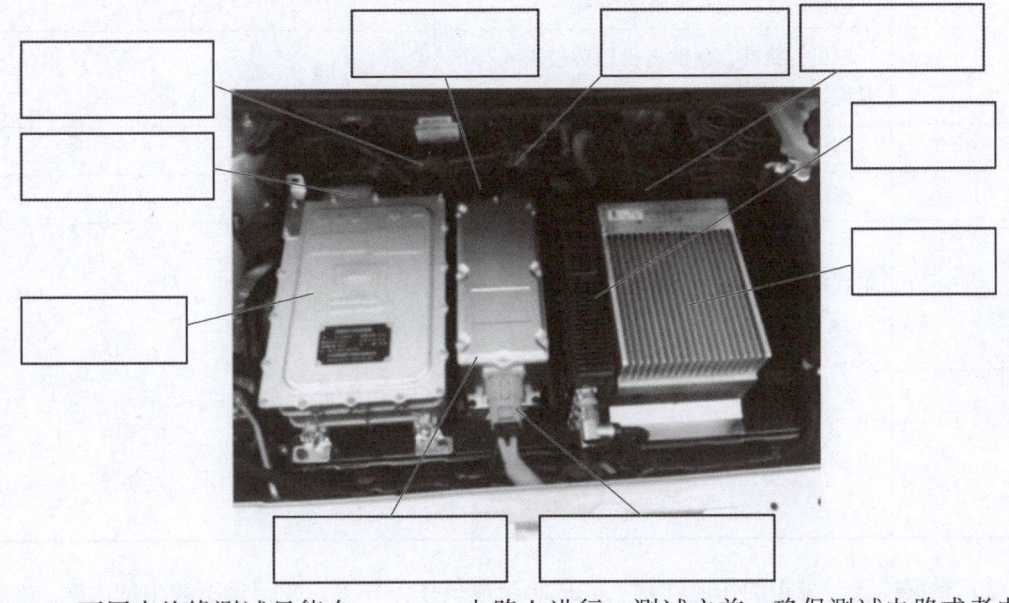

11）万用表绝缘测试只能在_____电路上进行。测试之前，确保测试电路或者电气设备已处于断电状态。

12）电动汽车的高压安全防护措施有_____。

13）人体的安全电压低于_____，触电电流和持续时间乘积的最大值小于_____。

14）绝缘电阻除以电池的额定电压至少应该大于_____，最好是能确保大于_____。

学习活动 3　计划制订

建议学时：1~2 学时。

学习要求：能与相关人员进行专业、有效的沟通，根据新能源汽车高压部件绝缘检测的要求，进行作业前的准备工作。

具体要求：

1）根据车辆维护与保养要求，制订针对车辆高压部件检测的作业计划，并填写下表。

序号	作业项目	操作要点
1	车辆人员防护及整车高压断电	
2	动力电池正负极与车身绝缘电阻检测	
3	电池管理系统（battery management system，BMS）绝缘检测	
4	车载充电机正负极与车身绝缘检测	
5	DC/DC 转换器正负极与车身绝缘检测	
6	空调压缩机正负极与车身绝缘检测	
7	PTC 正负极与车身绝缘检测	
8	电机控制器、驱动电机正负极输入与车身绝缘检测	
9	高压盒正负极与车身绝缘检测	
10	高压线束与车身绝缘检测	
计划审核	审核意见： 　　　　　　　　　　　　　　　　　年　　月　　日　　签字	

2）根据检查与维护的作业计划，完成小组成员任务分工，并记录下表中的内容。

操作人		记录员	
监护人		展示员	
作业注意事项			
①实训开始前，应做好个人着装准备、场地准备和工具准备； ②在进入车内操作前，应先安装维护保养三件套； ③在进行前机舱操作之前，应先铺设翼子板防护垫； ④在多人作业，起动运转设备或机器时，必须事先发出起动操作信号，确认安全后方可起动，并且当机器设备运行时，身体及衣服应远离转动部件； ⑤在使用万用表时，应选择正确的挡位和量程，并且使用后及时关闭； ⑥在对高压部件或高压线束操作时，应做好绝缘防护措施，防止触电； ⑦在拔下高压线束之前，需要先将点火开关转到 LOCK 挡，并断开辅助电池			

续表

检测设备/工具/材料				
序号	名称	数量	清点
1	新能源实训汽车	1辆	□已清点
2	绝缘维修工具	1套	□已清点
3	万用表	1块	□已清点
4	实训工装	1套	□已清点
5	高压防护用具	1套	□已清点
6	隔离柱	4个	□已清点
7	警戒线	1卷	□已清点
8	警示牌	1套	□已清点
9	维护保养三件套	1套	□已清点
10	翼子板防护垫	1个	□已清点
11	实训工装	1套	□已清点
12	线手套	1副	□已清点

学习活动 4　实施计划

建议学时：6~8 学时。

学习要求：能根据制订的作业计划，以及新能源汽车高压部件绝缘检测的作业流程和规范，通过查验、记录等方法，在规定时间内完成新能源汽车高压部件绝缘检测的任务。

具体要求：

1）请完成纯电动汽车维修作业前检查及车辆防护，并记录信息。

①进行维修作业前现场环境检查，并记录内容和结果（见下表）。

	作业内容：_____
	作业结果：_____

②进行维修作业前防护用具检查，并记录内容和结果（见下表）。

	作业内容：
	作业结果：

③进行维修作业前仪表工具检查，并记录内容和结果（见下表）。

	作业内容：
	作业结果：

2）完成整车高压断电操作，并填写下表。

		钥匙保管人	
	①关闭点火开关，断开低压电池负极	低压电池负极拆卸工具规格	
		负极桩头绝缘处理方式	
		检修开关数	
	②拆卸检修开关，放置警示牌	检修开关安全存放位置	
		放置警示牌	

3）进行动力电池正负极与车身绝缘电阻检测，并填写下表。

		正极绝缘电阻	针脚	_____脚
	拔下高压盒端动力电池输入线，将万用表黑表笔接于车身，红表笔逐个测量动力电池正负极端子	标准值：≥1.4 MΩ 测量值：_____	绝缘故障	□是 □否
		负极绝缘电阻	针脚	_____脚
		标准值：≥1.0 MΩ 测量值：_____	绝缘故障	□是 □否
		注意事项	佩戴高压防护用具	

4）进行电池管理系统 BMS 绝缘检测，并填写下表。

		正极绝缘电阻	针脚	_____脚
	拔下动力电池端高压母线插头，用万用表检测	标准值：≥1.5 MΩ 测量值：_____	绝缘故障	□是 □否
		负极绝缘电阻	针脚	_____脚
		标准值：≥1.0 MΩ 测量值：_____	绝缘故障	□是 □否
		注意事项	佩戴高压绝缘防护用具	

5）进行车载充电机正负极与车身绝缘检测，并填写下表。

		线束芯数	□8 芯 □11 芯	
	拔掉高压盒端高压附件线束插头。将万用表黑表笔接于车身，红表笔逐个接高压附件线束上车载充电机的正负极针脚。条件：环境温度为 (23±2)℃；相对湿度为 90%~95%	充电机电源正极	针脚	_____脚
		标准值：≥20 MΩ 测量值：_____	绝缘故障	□是 □否
		充电机电源负极	针脚	_____脚
		标准值：≥20 MΩ 测量值：_____	绝缘故障	□是 □否
		注意事项	拔线束时必须佩戴高压防护用具	

6）进行 DC/DC 转换器正负极与车身绝缘检测，并填写下表。

		线束芯数	□8 芯	□11 芯
拔掉高压盒端高压附件线束插头。将万用表黑表笔接于车身，红表笔逐个接高压附件线束上 DC/DC 转换器的正负极针脚		DC/DC 转换器电源正极	针脚	_____脚
		标准值：≥20 MΩ 测量值：_____	绝缘故障	□是 □否
		DC/DC 转换器电源负极	针脚	_____脚
		标准值：≥20 MΩ 测量值：_____	绝缘故障	□是 □否
		注意事项	拔线束时必须佩戴高压防护用具	

7）进行空调压缩机正负极与车身绝缘检测，并填写下表。

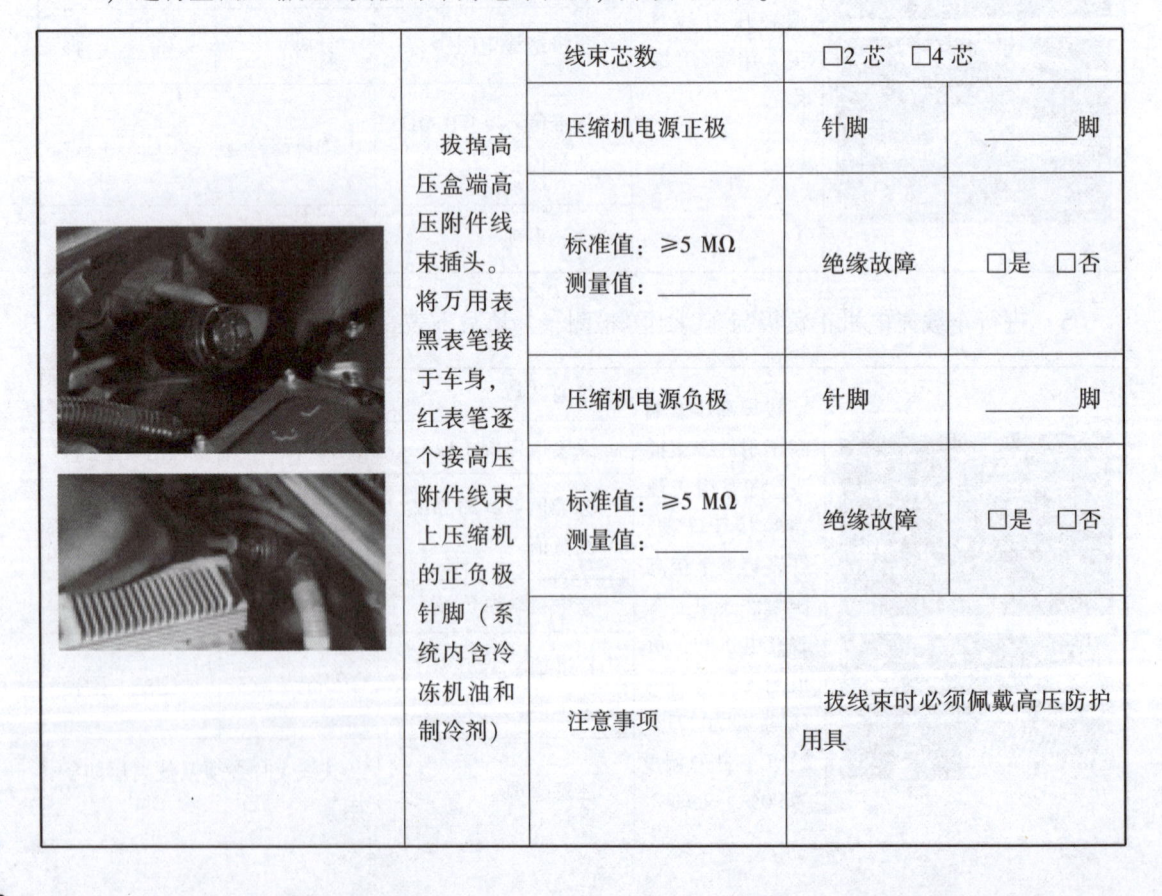

		线束芯数	□2 芯	□4 芯
拔掉高压盒端高压附件线束插头。将万用表黑表笔接于车身，红表笔逐个接高压附件线束上压缩机的正负极针脚（系统内含冷冻机油和制冷剂）		压缩机电源正极	针脚	_____脚
		标准值：≥5 MΩ 测量值：_____	绝缘故障	□是 □否
		压缩机电源负极	针脚	_____脚
		标准值：≥5 MΩ 测量值：_____	绝缘故障	□是 □否
		注意事项	拔线束时必须佩戴高压防护用具	

8）进行 PTC 正负极与车身绝缘检测，并填写下表。

		线束芯数	□8 芯　□11 芯	
	拔掉高压盒端高压附件线束插头。将万用表黑表笔接于车身，红表笔逐个接高压附件线束插头的正负极	PTC 电源正极	针脚	_____脚
		标准值：≥500 MΩ 测量值：_____	绝缘故障	□是　□否
		PTC 电源负极	针脚	_____脚
		标准值：≥500 MΩ 测量值：_____	绝缘故障	□是　□否
		注意事项	拔线束时必须佩戴高压防护用具	

9）进行电机控制器、驱动电机正负极输入与车身绝缘检测，并填写下表。

		电机控制器电源正极	针脚	_____脚
	拔掉高压盒电机控制器输入插头。将万用表黑表笔接于车身，红表笔逐个接电机控制器正负极端子	标准值：≥100 MΩ 测量值：_____	绝缘故障	□是　□否
		电机控制器电源负极	针脚	_____脚
		标准值：≥100 MΩ 测量值：_____	绝缘故障	□是　□否
		注意事项	拔线束时必须佩戴高压防护用具	

10）进行高压盒正负极与车身绝缘检测，并填写下表。

	动力电池线束	□连接 □拔下		
	电机控制器线束	□连接 □拔下		
	高压附件线束	□连接 □拔下		
拔掉高压盒上的3根高压线束。将万用表黑表笔接于车身，红表笔逐个接高压盒端子（动力电池输入端、电机控制器输出端）	动力电池输入端	正极阻值	标准值：无穷大 测量值：_____	
^	^	负极阻值	标准值：无穷大 测量值：_____	
^	^	绝缘故障	□是 □否	
^	电机控制器输出端	正极阻值	标准值：无穷大 测量值：_____	
^	^	负极阻值	标准值：无穷大 测量值：_____	
^	^	绝缘故障	□是 □否	
注意事项	拔线束时必须佩戴高压防护用具			

11）进行高压线束与车身绝缘检测（因前面测量高压部件绝缘时，已经检测过四根高压线束，现在只测量快充线束的绝缘阻值即可），并填写下表。

	快充电源正极	针脚	_____脚
打开快充口，将万用表黑表笔接于车身，红表笔逐个测量快充口正负极	标准值：无穷大 测量值：_____	绝缘故障	□是 □否
^	快充电源负极	针脚	_____脚
^	标准值：无穷大 测量值：_____	绝缘故障	□是 □否

042

学习活动 5　检查质量

建议学时：1 学时。

学习要求：学生根据新能源汽车高压部件绝缘检测的要求，按检查标准对作业质量进行自检，在工单上填写评价结果。

具体要求：指导教师检查本组作业结果，针对作业过程中出现的问题提出改进措施及建议，并填写下表。

序号	评价标准	评价结果
1	相关物品及资料交接齐全无误	
2	安全、规范地完成维护保养工作	
3	能对车辆各高压部件进行绝缘检测	
4	能根据绝缘检测结果判断车辆故障位置	
5	顺利检查车况并在维修记录单上签字	
综合评价	☆ ☆ ☆ ☆ ☆	
综合评语（作业问题及改进建议）		

学习活动 6　评价反馈

建议学时：1 学时。

学习要求：讲述和展示新能源汽车高压部件绝缘检测的要点，在检查与维护结束后及时记录、反思、评价、存档，总结工作经验，分析不足，提出改进措施，注重自主学习与提升。

具体要求：

1）学生根据自己在课堂中的实际表现进行自我反思和自我评价。

自我反思：_____

_____

_____

自我评价：_____

2) 指导教师根据学生在课堂中的实际表现进行评价打分，并记录下表中的得分。

项目	评分标准	分值	得分
接受任务	明确工作任务，准确记录客户及车辆信息	5	
信息收集	掌握工作相关知识及操作要点	10	
制订计划	计划合理可行	10	
计划实施	操作前做好场地、工具和设备等准备工作	5	
	能介绍纯电动汽车各高压部件的名称及功能	3	
	能根据维修手册识别各高压线束的连接部件及接口定义	5	
	能检测动力电池正负极与车身绝缘电阻并判断是否存在故障	6	
	能检测车载充电机正负极与车身绝缘电阻并判断是否存在故障	6	
	能检测 DC/DC 转换器正负极与车身绝缘电阻并判断是否存在故障	6	
	能检测空调压缩机正负极与车身绝缘电阻并判断是否存在故障	6	
	能检测 PTC 正负极与车身绝缘阻值并判断是否存在故障	6	
	能检测电机控制器、驱动电机正负极与车身绝缘阻值并判断是否存在故障	6	
	能检测高压盒正负极与车身绝缘阻值并判断是否存在故障	6	
	能在整个操作过程中规范操作，避免意外事故发生	5	
	能在操作结束后整理清洁场地	5	
质量检查	按照要求完成相应任务	5	
评价反馈	经验总结到位，合理评价	5	
	合计	100	

学习任务五

新能源汽车充电系统基本检查与维护

学习目标

1. 能说出车载充电机上指示灯的含义，检查车载充电机工作状态。
2. 能目测检查慢充充电线外观及插头状态。
3. 能熟练运用万用表检测充电线导通状态。
4. 能识别仪表充电指示灯并熟练检查充电口盖开关状态。
5. 能运用万用表检查 DC/DC 转换器功能。

素质目标

1. 严格按规范执行高压安全操作。
2. 具备良好的动手实践能力。
3. 严格执行 6S 标准。
4. 培养团队协作精神。

建议学时

12~16 学时。

工作情境描述

客户王先生是北汽新能源电动汽车的车主，今日来店做维护保养。王先生反映在充电时有时需要多次插拔充电枪才能成功充电。维修技师刘强接受了此项任务，重点对车辆充电系统进行了检查与维护。

工作流程与活动

学习活动 1　接受任务

建议学时： 1 学时。

学习要求：学习新能源汽车充电系统基本检查与维护相关知识，掌握新能源汽车充电系统基本检查与维护要点。

具体要求：充分理解工作任务，梳理工作要求，了解工作要点和技巧，查阅相关信息，执行工作任务。

学习活动 2　收集信息

建议学时：2~3 学时。

学习要求：通过查找相关信息，熟知新能源汽车充电系统关于车载充电机检查与维护、慢充充电线检查与维护、充电口盖开关检查与维护、DC/DC 转换器功能检查与维护的基本检查与维护要点。

具体要求：

1）（单选）下列选项中不属于电动汽车对充电装置的要求的是（　　）。
　　A. 安全性　　　　B. 使用方便　　　　C. 成本经济　　　　D. 效率高
　　E. 外观漂亮　　　F. 对供电电源污染要小

2）电动汽车充电装置的分类有不同的方法，总体上可分为车载充电装置和非车载充电装置。

3）电动汽车充电方式主要有慢充充电方式、快充充电方式两种。

4）慢充系统主要由慢充口、车载充电机、高压控制盒、动力电池组成。慢充充电时，来自慢充桩的 220 V 交流电经车载充电机整流滤波升压成动力电池的直流电。请查阅学习材料，补充下图中部件的名称。

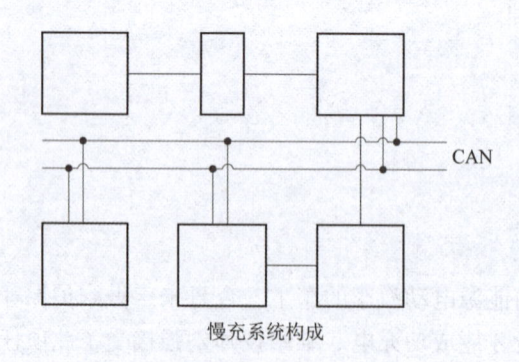

慢充系统构成

5）（多选）下列属于慢充充电优点的是（　　）。
　　A. 效率高
　　B. 充电器和安装成本较低
　　C. 可充分利用电力低谷时段进行充电
　　D. 充电设施体积小，可携带

6）快充系统主要由快充口、高压控制盒、动力电池组成。快充充电时，快充桩给纯电动汽车提供 370~380 V 的高压直流电，可以直接给动力电池充电。请查阅学习材料，补充下图中部件的名称。

快充系统构成

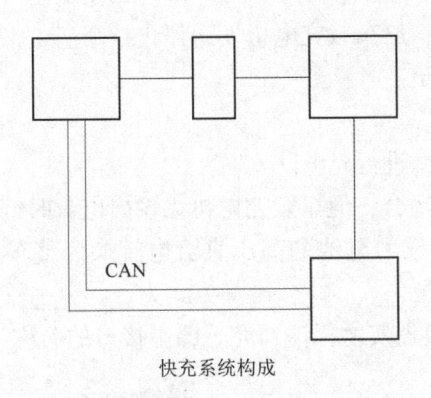

7）（判断）车载充电机保护功能齐全，具有过压、欠压、过流、过热、短路、输出反接等保护功能。（　　）

8）（判断）车载充电机采用高频开关技术，使充电机效率高、体积小、质量轻。（　　）

9）慢充线束是连接慢充口到车载充电机之间的线束。

10）快充线束是连接快充口到高压盒之间的线束。

11）请写出下列车载充电机指示灯含义及其与充电机工作状态的关系。
①POWER 灯：_____
②CHARGE 灯：_____
③ERROR 灯：_____
充电正常时，_____灯和_____灯点亮。当起动 0.5 min 后仍只有_____灯亮时，可能的情况是电池无充电请求或已充满。当_____灯点亮时，说明充电系统出现异常。当充电灯都_____时，检查充电桩、充电线束及接插件。

12）请查阅学习材料，补充下图中接口的名称。

13）请根据车载充电机的控制策略和工作流程给下列选项排序：_____。
①电池断开继电器。
②插上 220 V 交流电源供电。
③BMS 检测充电需求。
④BMS 给车载充电机发送工作指令并闭合继电器。

⑤电池检测充电完成后，给车载充电机发送停止指令。
⑥低压唤醒整车控制系统。
⑦车载充电机停止工作。
⑧车载充电机开始工作，进行充电。

14) 当电池继电器正常闭合，但车载充电机无输出电流时，应_____。

15) DC/DC 转换器：将动力电池的高压直流电转换为整车低压_____，给_____及_____。它的输出电压是_____，冷却方式为_____。

16) 请根据 DC/DC 转换器实物标注补充下图中接口的名称。

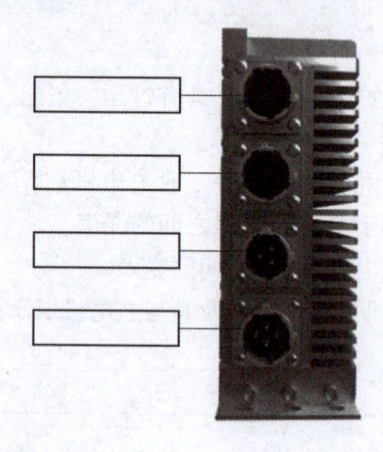

17) 请写出 DC/DC 转换器工作流程。
① _____
② _____
③ _____
④ _____

学习活动 3　制订计划

建议学时：1~2 学时。

学习要求：能与相关人员进行专业、有效的沟通，根据新能源汽车充电系统基本检查与维护的要点，进行作业前的准备工作。

具体要求：

1) 根据车辆作业前场地准备要求，制订车辆停放检查与安全防护、工具和设备及场地检查作业计划，并填写下表。

序号	作业项目	操作要点
1	检查车载充电机工作状态	
2	检查慢充充电线导通状态	

续表

序号	作业项目	操作要点
3	检查充电口盖开关状态	
4	检查DC/DC转换器功能	
计划审核	审核意见： 年　　月　　日　　签字	

2）根据检查维护的作业计划，完成小组成员任务分工，并记录下表中的内容。

操作人		记录员	
监护人		展示员	
作业注意事项			

①实训开始前，应做好个人着装准备、场地准备和工具准备；
②在进入车内操作前，应先安装维护保养三件套；
③在进行前机舱操作之前，应先铺设翼子板防护垫；
④在多人作业，起动运转设备或机器时，必须事先发出起动操作信号，确认安全后方可起动，并且当机器设备运行时，身体及衣服应远离转动部件；
⑤在使用万用表时，应选择正确的挡位和量程，并且使用后及时关闭

检测设备/工具/材料			
序号	名称	数量	清点
1	新能源实训汽车	1辆	□已清点
2	汽车举升机	1台	□已清点
3	万用表	1块	□已清点
4	隔离柱	4个	□已清点
5	警戒线	1卷	□已清点
6	警示牌	1套	□已清点
7	维护保养三件套	1套	□已清点
8	翼子板防护垫	1个	□已清点

续表

序号	名称	数量	清点
9	实训工装	1套	□已清点
10	线手套	1副	□已清点

学习活动 4　实施计划

建议学时：6~8学时。

学习要求：能根据制订的作业计划，以及新能源汽车充电系统检查与维护的作业流程和规范，通过查验、记录等方式，在规定时间内完成新能源汽车充电系统检查与维护的任务。

具体要求：

1）完成纯电动汽车维修作业前检查及车辆防护，并记录信息。

①进行维修作业前现场环境检查，并记录内容和结果（见下表）。

	作业内容：
	作业结果：

②进行维修作业前防护用具检查，并记录内容和结果（见下表）。

	作业内容：
	作业结果：

③进行维修作业前仪表工具检查,并记录内容和结果(见下表)。

	作业内容:
	作业结果:

④进行维修作业前实施车辆防护,并记录内容和结果(见下表)。

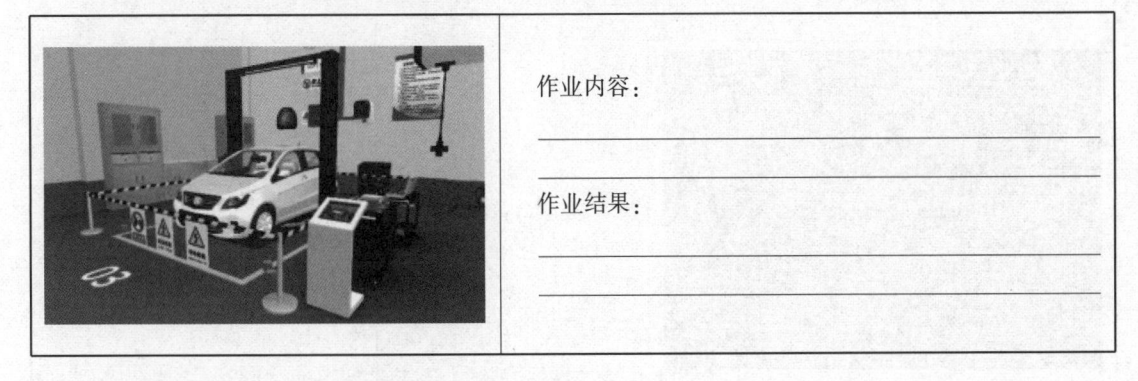

	作业内容:
	作业结果:

2)检查车载充电机工作状态,并填写下表。

	充电枪状况	□插上充电枪 □拔下充电枪
	充电正常时,G CHG 点亮指示灯	□POWER □RUN □FAUL

序号	故障现象	可能原因
1		
2		
3		

学习任务五 新能源汽车充电系统基本检查与维护

051

3）检查慢充充电线，并填写下表。

外观状态	□正常　□破损　□裂痕
端子状态	□正常　□破损　□裂痕
注意事项	充电过程中充电线会产生热量，如有破损，请及时更换，避免产生危险对人员或车辆造成损害

4）检查充电口盖开关状态，并填写下表。

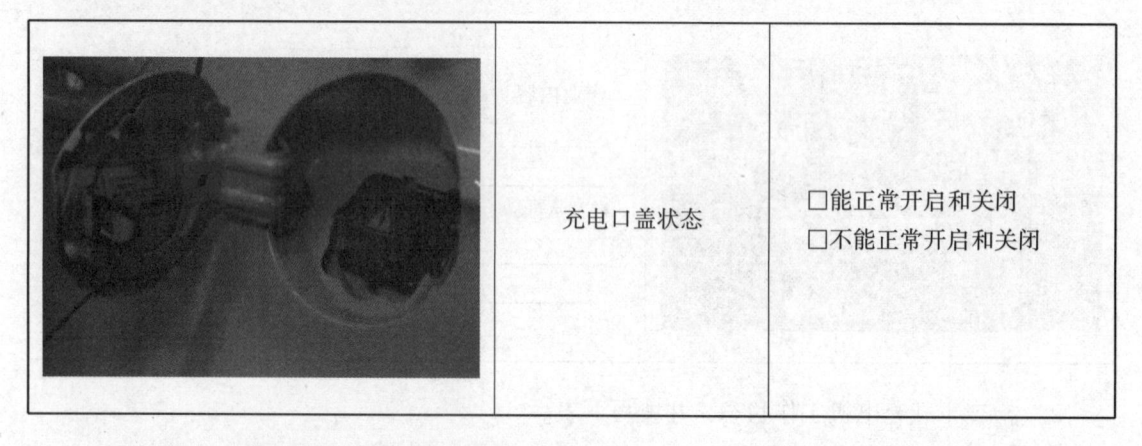

充电口盖状态	□能正常开启和关闭 □不能正常开启和关闭

5）检查 DC/DC 转换器功能，并填写下表。

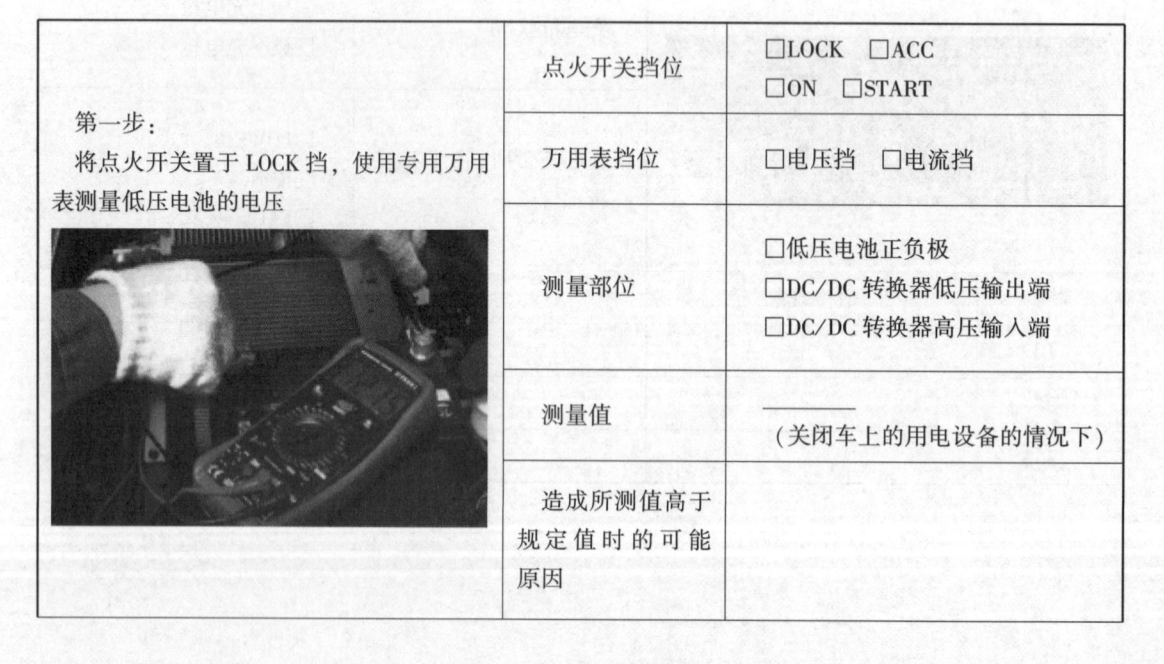

第一步：
将点火开关置于 LOCK 挡，使用专用万用表测量低压电池的电压

点火开关挡位	□LOCK　□ACC □ON　□START
万用表挡位	□电压挡　□电流挡
测量部位	□低压电池正负极 □DC/DC 转换器低压输出端 □DC/DC 转换器高压输入端
测量值	———— （关闭车上的用电设备的情况下）
造成所测值高于规定值时的可能原因	

续表

第二步：将点火开关置于 ON 挡，再次测量，这时所测的电压值是 DC/DC 转换器输出的电压	点火开关挡位	□LOCK □ACC □ON □START
	万用表挡位	□电压挡 □电流挡
	测量部位	□低压电池正负极 □DC/DC 转换器低压输出端 □DC/DC 转换器高压输入端
	测量值	_____ （关闭车上的用电设备的情况下）
	造成所测值低于规定值时的可能原因	

学习活动 5　检查质量

建议学时：1 学时。

学习要求：学生根据新能源汽车充电系统基本检查与维护的要求，按检查标准对作业质量进行自检，在工单上填写评价结果。

具体要求：指导教师检查本组作业结果，针对作业过程中出现的问题提出改进措施及建议，并填写下表。

序号	评价标准	评价结果
1	相关物品及资料交接齐全无误	
2	安全、规范地完成维护保养工作	
3	能根据用车情况对车辆充电系统外观及车载充电机功能进行检查	
4	能使用万用表检查慢充充电线导通状态	
5	能使用万用表检查 DC/DC 转换器的功能	
6	顺利检查车况并在维修记录单上签字	
综合评价	☆ ☆ ☆ ☆ ☆	
综合评语（作业问题及改进建议）		

学习活动 6　评价反馈

建议学时：1 学时。

学习要求：能讲述和展示新能源汽车充电系统基本检查与维护的要点，在检查与维护结束后及时记录、反思、评价、存档，总结工作经验，分析不足，提出改进措施，注重自主学习与提升。

具体要求：

1）学生根据自己在课堂中的实际表现进行自我反思和自我评价。

自我反思：_____

_____

_____

自我评价：_____

_____

2）指导教师根据学生在课堂中的实际表现进行评价打分，并记录下表中的得分。

项目	评分标准	分值	得分
接受任务	明确工作任务，准确记录客户及车辆信息	5	
信息收集	掌握工作相关知识及操作要点	15	
制订计划	计划合理可行	10	
计划实施	操作前做好场地、工具和设备等准备工作	5	
	能说出车载充电机上指示灯的含义	5	
	能根据指示灯判断车载充电机工作状态	10	
	能准确目测检查慢充充电线外观及插头状态	5	
	能熟练运用万用表检测充电线导通状态并做好记录	10	
	能识别仪表充电指示灯并判断充电口盖开关状态	8	
	能运用万用表检查 DC/DC 转换器功能并做好记录	14	
	能在操作结束后整理清洁场地	3	
质量检查	按照要求完成相应任务	5	
评价反馈	经验总结到位，合理评价	5	
	合计	100	

> 拓展园地

我国新能源汽车市场不断扩大，充电技术不断创新

随着新能源汽车市场的不断扩大，充电技术也在不断创新。目前，快充技术、无线充电技术等新型充电技术已经应用于新能源汽车中，成为了实现远程出行的关键。

首先，快充技术是新能源汽车实现远程出行的重要技术之一。目前，快充技术已经应用于新能源汽车中，可以在短时间内为电池充电，从而实现远程出行。未来，随着快充技术的不断革新和突破，充电速度将得到进一步提升。

其次，无线充电技术也是新能源汽车实现远程出行的重要技术之一。目前，无线充电技术已经应用于新能源汽车中，可以通过电磁感应原理为电池充电，从而实现远程出行。未来，随着无线充电技术的不断革新和突破，充电效率将得到进一步提升。

最后，充电基础设施的完善也是新能源汽车实现远程出行的重要保障。目前，充电基础设施建设不足，是制约新能源汽车发展的一大瓶颈。未来，随着充电基础设施的不断完善，新能源汽车的远程出行将得到更好的保障。

学习任务六

新能源汽车动力电池基本检查

学习目标

1. 能说出动力电池外观及接插件检查的要点。
2. 能按照规范流程拆卸、安装动力电池。
3. 能使用工具规范拆卸电池外壳螺栓,并按顺序放好。
4. 清楚动力电池检查的项目,能完成螺栓、密封条、模组保护壳、连接线束、预充电阻、单体和模组电压等项目的检查。

素质目标

1. 严格按规范执行高压安全操作。
2. 具备良好的动手实践能力。
3. 严格执行 6S 标准。
4. 培养团队协作精神。

建议学时

12~16 学时。

工作情境描述

客户王先生来到汽车服务有限公司做维护保养,王先生反映车辆最近经常在雨天行驶,仪表偶尔报动力电池断开和动力电池故障。维修技师刘强对车辆进行了检查,怀疑可能是动力电池内部问题,于是对动力电池整体进行了检查。

工作流程与活动

学习活动 1　接受任务

建议学时:1 学时。

学习要求：充分理解工作任务，梳理工作要求，了解工作要点和技巧，查阅相关信息，执行工作任务。

具体要求：熟悉动力电池接插件检查的要点，在对新能源汽车动力电池做基本检查时，能够按照规范流程拆卸、安装动力电池，并能按照规范进行各项目的检查。

学习活动 2　信息收集

建议学时：2~3 学时。

学习要求：通过查找相关信息，了解动力电池系统的构成、功能及性能指标等知识。

具体要求：

1) 动力电池系统通常由_____、_____、_____及_____等部分构成。

2) 动力电池系统的功能为_____
_____。

3) 了解下图中各结构的名称。

4) 三元锂电池的"三元"指的是以_____、_____和_____三种金属元素为核心元素的正极材料。

5) _____由若干个单体电池并联而成，其额定电压与单体电池的额定电压相等，是单体电池在物理结构和电路上连接起来的最小分组，可作为一个单元替换。

6) 北汽新能源 EV200 所用的 SK 电池模组由_____个额定电压为_____的单体电池并联为一个电池模块，由_____个电池模块串联组成整辆汽车的电池模组。

7) _____是电池保护和管理的核心部件，在动力电池系统中，它的作用相当于人的大脑。

8) 电动汽车动力电池主要性能指标包括_____
_____。

9）电池管理系统的功能为电池剩余电量估算、预测行驶里程、电池故障诊断系统、短路保护、显示报警功能、实时跟踪监测电池系统运行状态参数。

10）当拆卸动力电池时，托举电池的设备名称是_____。

11）（判断）比功率是指单位质量或单位体积的电池释放的能量，单位为 W·h/kg 或 W·h/L。（　　）

12）荷电状态的英文简写为_____，指_____，描述_____。

13）在拆除动力电池母线后，需要进行_____、_____操作。

14）动力电池的正极通断由_____控制，负极由_____控制。

15）（单选）动力电池功能丧失，请求其他控制器立即（1 s 内）停止充电或放电。如果其他控制器在指定时间内未做出响应，BMS 将在 2 s 后主动停止充电或放电，此状态属于（　　）。

　　A. 一级故障　　　　B. 二级故障　　　　C. 三级故障　　　　D. 四级故障

16）请查阅资料，填写下表中的参数。

型号	36800MP—Fe
型式	
额定容量/(A·h)	
标称电压/V	
常规车速/30 min 最高车速/峰值功率电池放电倍率	
工作温度范围/℃	
80% 放电深度（depth of discharge，DOD）循环次数	
电池类型	
单体标称容量/(A·h)	
单体标称电压/V	

17）动力电池系统安全性提升的关键环节为结构安全、防爆安全、HV 连接可靠性、BMS 主动安全。

18）（多选）下列属于电池组热管理系统主要功能的是（　　）。

　　A. 电池温度的准确测量和监控
　　B. 电池组温度过高时的有效散热和通风
　　C. 低温条件下的快速加热
　　D. 有害气体产生时的有效通风
　　E. 保证电池组温度场的均匀分布

学习活动3　制订计划

建议学时：1~2学时。

学习要求：能与相关人员进行专业、有效的沟通，根据新能源汽车动力电池系统的结构和工作原理，进行作业前的准备工作。

具体要求：

1）根据电动汽车维修要求，制订更换动力电池和电池内部基本检查的作业计划，并填写下表。

序号	作业项目	操作要点
1	举升车辆，检查动力电池外观及接插件	
2	拆卸动力电池并拆卸壳体	
3	检查电池模组间的连接线束	
4	检查模组外观	
5	测量每个模组电压是否正常	
6	测量预充电阻阻值	
计划审核	审核意见： 　　　　　　　　　　　　　　年　月　日　签字	

2）根据检查维护的作业计划，完成小组成员任务分工，并记录下表中的内容。

操作人		记录员	
监护人		展示员	
作业注意事项			

①实训开始前应摘掉戒指、手表和项链等金属饰物，脱去宽松的衣服，换上实训工装，长头发应挽起固定于脑后；
②在多人作业，起动运转设备或机器时，必须事先发出起动操作信号，确认安全后方可起动，并且当机器设备运行时，身体及衣服应远离转动部件；
③按正确的方法使用状态良好的工具，使用后应立即清理；
④使用汽车举升机时，应严格按照操作规程进行作业；
⑤在整车实训时，应确保点火开关处于LOCK位置，操作另有要求除外；
⑥在就车工作时，应施加驻车制动（检查该部件时除外），除非特定操作要求置于其他挡位，否则应将挡位置于N位；
⑦在操作动力电池举升车时，请缓慢操作，扶好举升车托举平台；
⑧在使用仪表前，戴好高压防护用具，预先调整好仪表挡位及量程，避免发生危险；
⑨在拆卸和检查电池内部时，切勿轻易触碰，必须按照要求操作

续表

检测设备/工具/材料			
序号	名称	数量	清点
1	新能源实训汽车	1辆	□已清点
2	实训工装	1套	□已清点
3	护目镜	1副	□已清点
4	线手套	1副	□已清点
5	绝缘手套	1副	□已清点
6	绝缘安全帽	1顶	□已清点
7	螺丝刀	1套	□已清点
8	万用表	1块	□已清点
9	扭力扳手	1把	□已清点
10	维修工具（棘轮）	1套	□已清点
11	抹布	1块	□已清点
12	动力电池举升车	1台	□已清点

学习活动4 实施计划

建议学时：6~8学时。

学习要求：能根据制订的作业计划，以及新能源汽车动力电池系统检查的作业流程和规范，通过查验、记录等方式，在规定时间内完成新能源汽车动力电池系统检查与维护的任务。

具体要求：

1）在车辆断电、举升后，检查动力电池外观及接插件状态，并填写下表。

车辆断电	□是　□否
电池底部状态	□正常　□磕碰　□划伤　□损坏
高低压插件	□正常　□变形　□松脱　□过热 □损坏
动力电池铭牌	□正常　□脏污　□缺失　□损坏
实施表面清洁	□是　□否 工具：＿＿＿＿＿＿

2）按照流程拆下动力电池整体，并填写下表。

	①连接气毂，升起动力电池举升车至合适位置并锁止轮子	□完成 □否
	②调整动力电池举升车，使之托住动力电池底部	支点与电池底部接触情况	□留有空隙 □轻微接触 □稍有受力
	③拆卸动力电池固定螺栓，缓慢降下动力电池	螺栓数量	
		注意事项	

3）将动力电池移出工位，清除动力电池外壳表面的灰尘，并填写下表。

	①打开动力电池举升车车轮锁止开关，将旧电池移出工位	动力电池举升车气源连接状态	□连接 □断开
		动力电池举升车车轮锁止个数	□1 □2 □3 □4
	②清洁动力电池外壳表面灰尘	使用工具	□抹布 □清洗剂
		清洁的目的	□清理尘土 □祛除水渍

4）拆卸动力电池外壳固定螺栓，并填写下表。

	使用工具	
	规格	
	螺栓、螺母个数	螺栓：___个 螺母：___个
	螺栓存放位置	□电池外壳上 □零件盒内 □衣服口袋

5）掀卸动力电池外壳，检查动力电池模组连接线束是否完好，并填写下表。

	①拆卸动力电池外壳，检查密封条	密封条状态	□完好 □破损 破损位置：_____
		密封条作用	隔绝空气及水分，保护动力电池
	②检查动力电池各连接线束是否完好	模组连接线	□完好 □破损
		BMS连接线	□完好 □破损
		电池控制盒连接线	□完好 □破损

6）检查动力电池模组保护壳外观及固定情况，并填写下表。

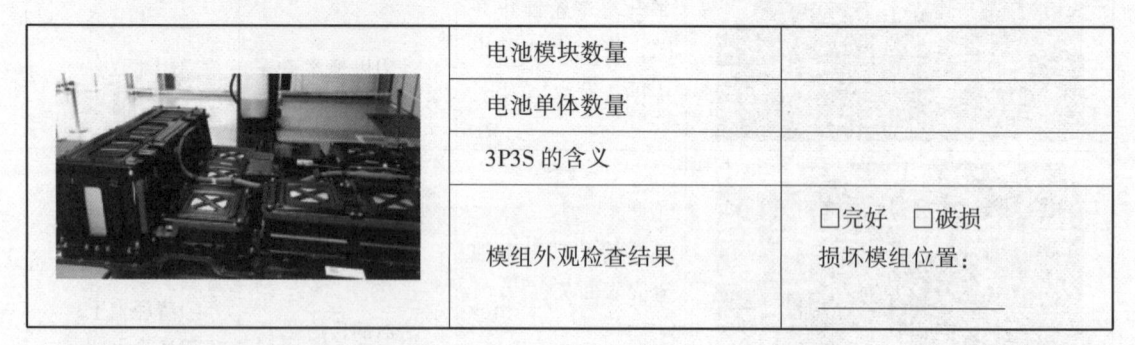

	电池模块数量	
	电池单体数量	
	3P3S的含义	
	模组外观检查结果	□完好 □破损 损坏模组位置：_____

7）测量动力电池单体电芯及模组电压，并填写下表。

	单体电芯电压/V	
	3P2S模组电压/V	
	3P3S模组电压/V	

8）测量动力电池预充电阻阻值是否符合要求，并填写下表。

	预充电阻功率/W	
	测量工具	
	量程	
	测得数据/Ω	
	预充电阻是否正常	□正常 □损坏

学习活动 5　检查质量

建议学时：1 学时。

学习要求：学生根据动力电池系统检查与维护的基本要求，按检查标准对作业质量进行自检，在工单上填写评价结果。

具体要求：指导教师检查本组作业结果，针对作业过程中出现的问题提出改进措施及建议，并填写下表。

序号	评价标准	评价结果
1	规范拆卸并清洁动力电池	
2	规范拆卸动力电池上壳体	
3	安全检查动力电池模组间的连接线束	
4	能目视检查动力电池模组外观	
5	准确测量每个动力电池模组电压，能判断其是否正常	
6	准确测量预充动力电池电阻阻值	
综合评价	☆ ☆ ☆ ☆ ☆	
综合评语（作业问题及改进建议）		

学习活动6　评价反馈

建议学时：1学时。
学习要求：能讲述和展示新能源汽车动力电池检查的要点，在检查与维护结束后及时记录、反思、评价、存档，总结工作经验，分析不足，提出改进措施，注重自主学习与提升。
具体要求：
1）学生根据自己在课堂中的实际表现进行自我反思和自我评价。
自我反思：_____
_____

自我评价：_____
_____

2）指导教师根据学生在课堂中的实际表现进行评价打分，并记录下表中的得分。

项目	评分标准	分值	得分
接受任务	明确工作任务，理解任务在车辆维护保养中的重要程度	5	
信息收集	清楚动力电池系统的结构组成	6	
	了解动力电池预充电阻的作用	4	
	知道动力电池正负继电器的控制方式	4	
制订计划	计划管理可行	10	
	能协同小组成员安排任务分工	5	
计划实施	能在实施前准备好所需要的工具和设备	5	
	拆卸动力电池，在推移动力电池举升车时，配合默契，安全操作	4	
	使用抹布擦拭动力电池外壳表面，进行清洁	5	
	分工配合，拆除动力电池外壳固定螺栓	5	
	将拆除动力电池外壳的螺栓分类存放到规定地方	8	
	检查动力电池外壳边缘下方的密封胶条情况	8	
	检查BMS、动力电池控制盒、动力电池模组间连接线束	5	
	清楚动力电池的结构组成，检查其外观情况	8	
	测量动力电池单体、模组的电压，判断其是否正常	5	
	测量动力电池控制盒内预充电阻阻值，判断其是否正常	6	
质量检查	顺利完成任务，操作过程规范	3	
评价反馈	能对自身表现情况进行客观评价	2	
	能在任务实施过程中能发现自身问题	2	
合计		100	

> 拓展园地

民族"电池帝国"——比亚迪

比亚迪是国产汽车品牌，拥有自主研发、自主制造的企业特点。比亚迪旗下车型普遍具有超高性价比，其技术核心以刀片电池为代表，应用车型是比亚迪汉，对推动中国新能源汽车领域发展具有重要意义。

比亚迪在电池技术方面进行了重大创新。电池是电动汽车的核心部件，其性能直接影响电动汽车的续驶里程和使用寿命。比亚迪率先采用了锂铁磷酸盐电池技术，相比传统的锂离子电池，锂铁磷酸盐电池具有更高的安全性和稳定性，能够提供更长的续驶里程。此外，比亚迪还在电池的制造工艺上进行了创新，采用了独特的涂覆技术，提高了电池的能量密度和充电速度，进一步提升了电动汽车的性能。

学习任务七

新能源汽车冷却系统基本检查

学习目标

1. 能说出电动汽车冷却系统的结构及其作用。
2. 能说出冷却液的成分及其特性。
3. 能说出冷却液定期更换的原因。
4. 能检查冷却液液位是否正常,并排查冷却系统是否有泄漏。
5. 能使用冰点测试仪检测冷却液的浓度,并判断是否需要更换。

素质目标

1. 严格按规范执行高压安全操作。
2. 具备良好的动手实践能力。
3. 严格执行 6S 标准。
4. 培养团队协作精神。

建议学时

12~16 学时。

工作情境描述

客户王先生今日来店做维护保养,他反映近期偶尔有仪表报驱动电机过热的情况,希望在维护保养过程中,维修技师能重点对车辆的冷却系统进行检查。维修技师刘强将此项任务交给了实习生王磊,王磊对该车的冷却系统进行了基本检查,并使用冰点检测仪检测了其冷却液的浓度。

工作流程与活动

学习活动 1 接受任务

建议学时：1 学时。

学习要求：充分理解工作任务，梳理工作要求，了解工作要点和技巧，查阅相关信息，执行工作任务。

具体要求：熟悉电动汽车冷却系统的结构，了解冷却液的成分，在进行新能源汽车冷却系统的基本检查时，能准确判断冷却液液位是否正常，是否需要更换冷却液。

学习活动 2 收集信息

建议学时：2~3 学时。

学习要求：通过查找相关信息，熟知新能源汽车冷却系统工作原理、结构组成、各部件名称以及冷却液的功能等知识，为冷却系统的基本检查与维护的作业计划做准备。

具体要求：

1）电动汽车冷却系统的功用是把大功率用电设备在工作过程中产生的_____及时散发出去，保证它们在_____工作。

2）纯电动汽车冷却系统的结构组成主要有_____。

3）请在下图中标注冷却系统各部件的名称。

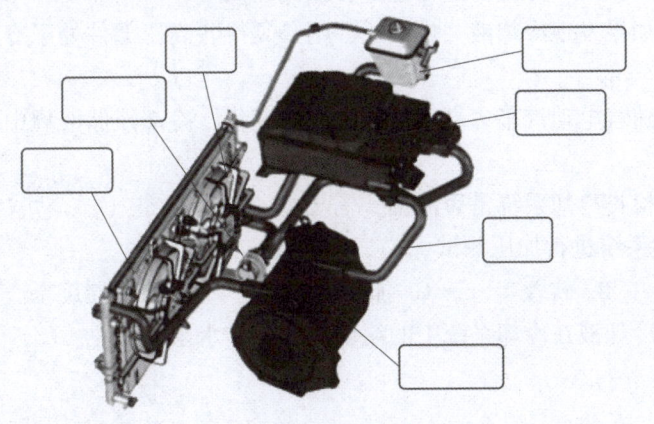

4）散热器的主要作用是_____，冷却风扇的主要作用是_____，水泵的主要作用是_____，温度传感器的主要作用是_____。

5）（单选）下列选项中关于冷却系统电子风扇的说法不正确的是（   ）。

A. 电子风扇采用左右两挡调速双风扇　　B. 电子风扇直接由电池整体提供输入

C. 电子风扇直接由整车电源提供输入　　　D. 电子风扇的运行受空调压力的影响

6）纯电动汽车的主要热源包括_____和_____。

7）冷却液是一种混合物，由_____、_____和_____三部分组成。

8）按照抗冻剂类型不同，可将冷却液分为_____，目前国内常使用的是_____。

9）冷却液的功能主要有_____。

10）冷却液检查，一是检查外观，二是检查冷却液冰点。冷却液冰点应_____ _____，才可保证安全使用。

11）请查阅学习材料，在下图中标出冰点测试仪各部件的名称。

12）（单选）在冷却液处于冷状态测量时，罐内的冷却液的高度应保持在（　　）。
A. MAX 和 MIN 之间　　　B. MAX 之上　　　C. MIN 之下　　　D. 以上都不对

13）（判断）冷却液中含有添加剂和抗泡沫添加剂，这些添加剂一般不会失效，因此冷却液不需要更换。（　　）

14）（判断）检查冷却液，因为不涉及高压部件，因此整车不需要断电。（　　）

15）（判断）添加冷却液后，如果短时间内液位下降，则说明冷却系统可能有泄漏。（　　）

16）（判断）泼溅到车身上的防冻液不会损坏漆面。（　　）

17）（判断）如果发现冷却液大量损耗，则必须待各高压部件处于冷态时方可添加冷却液，以免损坏各高压部件。（　　）

18）（判断）随着电动汽车各高压部件温度的变化，冷却液储液罐中的液位不会随之变化。（　　）

19）（多选）检查冷却系统是否泄漏，需要检查的部位是（　　），如果仍然没有发现泄漏，则要对冷却系统进行加压测试。
A. 散热器　　　B. 软管　　　C. 加热器盖　　　D. 散热器旋塞　　　E. 水泵

20）（判断）冷却液在冷却系统中的流动主要依靠水泵的动力。（　　）

学习活动 3　制订计划

建议学时：1~2 学时。

学习要求：能与相关人员进行专业、有效的沟通，根据新能源汽车冷却系统和冷却液的检查规范，进行作业前的准备工作。

具体要求：

1）根据车辆作业前场地准备要求，制订车辆停放检查与安全防护、工具和设备及场地检查作业计划，并填写下表。

序号	作业项目	操作要点
1	检查冷却液液位	
2	检查冷却液冰点	
3	检查冷却系统有无泄漏和损坏	
计划审核	审核意见： 年　月　日　签字	

2）根据检查维护的作业计划，完成小组成员任务分工，并记录下表中的内容。

操作人		记录员	
监护人		展示员	
作业注意事项			

①实训开始前，应做好个人着装准备、场地准备和工具准备；
②在进入车内操作前，应先安装维护保养三件套；
③在进行前机舱操作之前，应先铺设翼子板防护垫；
④在多人作业，起动运转设备或机器时，必须先发出起动操作信号，确认安全后方可起动，并且当机器设备运行时，身体及衣服应远离转动部件；
⑤在使用冰点检测仪时，应仔细阅读使用说明，避免不当操作造成仪器损坏和测量不准确；
⑥在打开散热器密封盖时，可能有热蒸气溢出，故应戴好护目镜并穿上防护服，用抹布盖住密封盖并小心打开，以免伤害眼睛或烫伤；
⑦在冷却系统温度高于环境温度时，请勿打开散热器盖，否则热蒸气或沸腾的冷却液会从散热器中飞溅出来，对人体造成伤害；
⑧在加注冷却液时，应避免其泼溅到车身上，否则冷却液会损坏漆面

检测设备/工具/材料			
序号	名称	数量	清点
1	新能源实训汽车	1辆	□已清点
2	绝缘维修工具	1套	□已清点
3	冰点测试仪	1套	□已清点
4	高压防护用具	1套	□已清点

续表

序号	名称	数量	清点
5	隔离柱	4个	□已清点
6	警戒线	1卷	□已清点
7	警示牌	1套	□已清点
8	维护保养三件套	1套	□已清点
9	翼子板防护垫	1个	□已清点
10	实训工装	1套	□已清点
11	线手套	1副	□已清点
12	抹布	1块	□已清点

学习活动 4　实施计划

建议学时：6~8学时。

学习要求：能根据制订的作业计划，以及新能源汽车冷却系统和冷却液检查的作业流程和规范，通过查验、记录等方式，在规定时间内完成新能源汽车冷却系统和冷却液检查识别的任务。

具体要求：

1）完成纯电动汽车维修作业前检查及车辆防护，并记录信息。

①进行维修作业前现场环境检查，并记录内容和结果（见下表）。

作业内容：

作业结果：

②进行维修作业前防护用具检查，并记录内容和结果（见下表）。

作业内容：

作业结果：

③在维修作业前进行工具和设备检查，并记录内容和结果（见下表）。

作业内容：
_____
_____

作业结果：
_____
_____
_____

④在维修作业前实施车辆防护，并记录内容和结果（见下表）。

作业内容：
_____
_____

作业结果：
_____
_____
_____

2）检查冷却液液位，并填写下表。

冷却液状态	冷却液液位	是否正常	颜色
□冷　□热	□高于 MAX 线 □MAX 和 MIN 线之间 □低于 MIN 线	□是　□否	
注意事项	①如果冷却液液位低，则需添加_____； ②添加冷却液后，如果短时间内液位下降，则表示_____，应检查_____		

3）检查冷却液冰点，并填写下表。

仪器设备	读取数值	是否需要更换
规定冷却液含量	规定冷却液防冻温度	
	一般情况：_____ 极寒地区：_____	
操作步骤	①使用冰点测试仪时，用柔软的绒布将盖板及棱镜表面擦拭干净； ②将待测液体用吸管滴于_____，合上盖板轻轻按压； ③将冰点测试仪对向_____，旋转_____使视场内刻度线清晰； ④读出_____在标示板上相应标尺上的数值	

4）检查冷却系统有无泄漏和损坏，并填写下表。

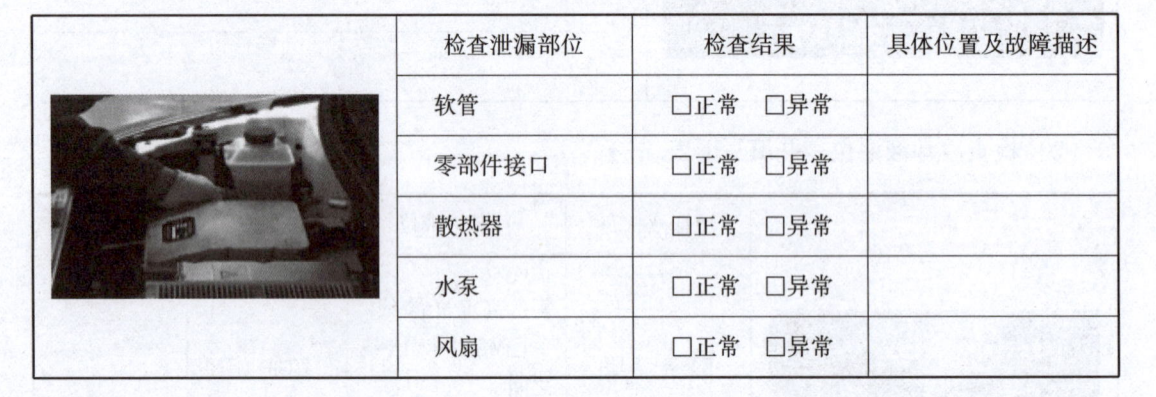

检查泄漏部位	检查结果	具体位置及故障描述
软管	□正常 □异常	
零部件接口	□正常 □异常	
散热器	□正常 □异常	
水泵	□正常 □异常	
风扇	□正常 □异常	

学习活动 5　检查质量

建议学时：1学时。

学习要求：学生根据新能源汽车冷却系统检查和冷却液检查要求，按检查标准对作业质量进行自检，在工单上填写评价结果。

具体要求：指导教师检查本组作业结果，针对作业过程中出现的问题提出改进措施及建议，并填写下表。

序号	评价标准	评价结果
1	相关物品及资料交接齐全无误	
2	安全、规范地完成维护与保养工作	
3	能根据客户用车情况对车辆冷却液液位、冷却系统是否泄漏或损坏等情况进行检查	
4	能使用冰点测试仪检测冷却液冰点	
5	检查车况并在维修记录单上签字	
综合评价	☆ ☆ ☆ ☆ ☆	
综合评语（作业问题及改进建议）		

学习活动 6　评价反馈

建议学时：1学时。

学习要求：能讲述和展示新能源汽车冷却系统检查的要点，在检查与维护结束后及时记录、反思、评价、存档，总结工作经验，分析不足，提出改进措施，注重自主学习与提升。

具体要求：

1) 学生根据自己在课堂中的实际表现进行自我反思和自我评价。

自我反思：_____

_____

自我评价：_____

2) 指导教师根据学生在课堂中的实际表现进行评价打分，并记录下表中的得分。

项目	评分标准	分值	得分
接受任务	明确工作任务，准确记录客户及车辆信息	5	
信息收集	掌握工作相关知识及操作要点	15	
制订计划	计划合理可行	10	

续表

项目	评分标准	分值	得分
计划实施	操作前做好场地、工具和设备等准备工作	5	
	能说出冷却液加注的标准液位并判断是否需要添加	5	
	能说出冷却液的作用及车辆对其性能的要求	5	
	能正确使用冰点测试仪检测冷却液的冰点	8	
	能在使用后将冰点测试仪合理存放	5	
	能给车辆添加冷却液	6	
	能正确检查冷却系统是否有泄漏	6	
	能熟练清洁冷却系统内部和外部	10	
	能在整个操作过程中规范操作，避免意外事故发生	5	
	能在操作结束后整理清洁场地	5	
质量检查	按照要求完成相应任务	5	
评价反馈	经验总结到位，合理评价	5	
合计		100	

学习任务八

新能源汽车冷却液更换

学习目标

1. 能安全规范地完成冷却液的排放,并按要求规范处理废液。
2. 能采用正确的清洗方法清洁冷却系统。
3. 能熟练地给冷却系统添加冷却液至合理位置。
4. 能说出冷却液更换或添加时的注意事项。

素质目标

1. 严格按规范执行高压安全操作。
2. 具备良好的动手实践能力。
3. 严格执行6S标准。
4. 培养团队协作精神。

建议学时

12~16学时。

工作情境描述

客户王先生今日来店做维护保养,要求重点检查车辆的冷却系统。实习生王磊对该车的冷却系统进行了基本检查,发现冷却液需要更换,于是对该车的冷却系统进行了清洗,并更换了冷却液。

工作流程与活动

学习活动1 接受任务

建议学时:1学时。

学习要求:学习新能源汽车冷却液的更换知识,掌握新能源汽车冷却液的更换方法。

具体要求：充分理解工作任务，梳理工作要求，了解工作要点和技巧，查阅相关信息，执行工作任务。

学习活动2　收集信息

建议学时：2~3学时。

学习要求：通过查找相关信息，熟知冷却液更换周期、冷却系统内部清洗的步骤、冷却液的更换方法。

具体要求：

1）透明的冷却液储液罐位于_____。

2）（多选）一般情况下，冷却液的更换周期为（　　）。

A. 30 000~40 000 km　　　　　　B. 20 000 km 左右

C. 3 年左右　　　　　　　　　　D. 4 年左右

3）当打开散热器密封盖时，应戴好_____，并穿上防护服，用_____盖住密封盖并小心打开，以免伤害眼睛或烫伤。

4）（判断）电动汽车冷却系统的清洗目的是排除旧冷却液，防止污染新加注的冷却液。（　　）

5）冷却液中含有重要的防冻剂，冷却液中防冻剂的成分应常年维持在_____左右。

6）如果冷却液不慎与皮肤或眼睛接触，需立即用_____冲洗。

7）（单选）清洗车辆冷却系统时，为达到最佳清洁效果，清洗时应保持各部件（　　）。

A. 高于正常工作温度　　　　　　B. 达到正常工作温度

C. 低于正常工作温度　　　　　　D. 随便一个温度

8）（多选）当出现水泵异响时，可能的故障原因为（　　）。

A. 冷却液有杂质，导致电动水泵卡滞

B. 泵轮破坏，造成水泵异响

C. 冷却液缺失，水泵空转

D. 水泵高速运行，控制器或线束故障

E. 进风口堵塞

9）当电动水泵破损，泵盖/密封圈/泵轮破坏时，应_____。

学习活动3　制订计划

建议学时：1~2学时。

学习要求：能与相关人员进行专业、有效的沟通，根据新能源汽车冷却系统中的冷却液排放、冷却系统的清洗、冷却系统加注冷却液的基本要求，进行作业前的准备工作。

具体要求：

1）根据车辆维护保养要求，制订更换冷却液的作业计划。

序号	作业项目	操作要点
1	排出冷却系统中的冷却液	
2	清洗冷却系统	
3	向冷却系统中加注冷却液	
计划审核	审核意见： 年　月　日　签字	

2）根据检查维护的作业计划，完成小组成员任务分工，并记录下表中的内容。

操作人		记录员	
监护人		展示员	
作业注意事项			

①实训开始前，应做好个人着装准备、场地准备和工具准备；
②在进入车内操作前，应先安装维护保养三件套；
③在进行前机舱操作之前，应先铺设翼子板防护垫；
④在多人作业，起动运转设备或机器时，必须事先发出起动操作信号，确认安全后方可起动，并且当机器设备运行时，身体及衣服应远离转动部件；
⑤在使用冰点检测仪时，应仔细阅读使用说明，避免不当操作造成仪器损坏和测量不准确；
⑥在打开散热器密封盖时，可能有热蒸气溢出，故应戴好护目镜并穿上防护服，用抹布盖住密封盖并小心打开，以免伤害眼睛或烫伤；
⑦当冷却系统温度高于环境温度时，请勿打开散热器盖，否则热蒸气或沸腾的冷却液会从散热器中飞溅出来，对人体造成伤害；
⑧在加注冷却液时，应避免其泼溅到车身上，否则冷却液会损坏漆面；
⑨注意收集溢出或泄漏的防冻液

检测设备/工具/材料			
序号	名称	数量	清点
1	新能源实训汽车	1辆	□已清点
2	绝缘维修工具	1套	□已清点
3	冷却液	1桶	□已清点
4	散热器清洗剂	1瓶	□已清点
5	废液收集盘	1个	□已清点
6	高压防护用具	1套	□已清点

续表

序号	名称	数量	清点
7	隔离柱	4 个	□已清点
8	警戒线	1 卷	□已清点
9	警示牌	1 套	□已清点
10	维护保养三件套	1 套	□已清点
11	翼子板防护垫	1 个	□已清点
12	实训工装	1 套	□已清点
13	线手套	1 副	□已清点
14	抹布	1 块	□已清点

学习活动 4　实施计划

建议学时：6~8 学时。

学习要求：能根据制订的作业计划，以及新能源汽车冷却液更换的作业流程和规范，通过查验、记录等方式，在规定时间内完成新能源汽车冷却液更换的任务。

具体要求：

1）请完成纯电动汽车维修作业前检查及车辆防护，并记录信息。

①在维修作业前现场环境检查，并记录内容和结果（见下表）。

作业内容：
_____
_____
作业结果：
_____
_____

②在维修作业前进行防护用具检查，并记录内容和结果（见下表）。

作业内容：
_____
作业结果：
_____

③在维修作业前进行仪表工具检查，并记录内容和结果（见下表）。

	作业内容：_____ 作业结果：_____

④在维修作业前实施车辆防护，并记录内容和结果（见下表）。

	作业内容：_____ 作业结果：_____

2）排放冷却液，并填写下表。

	①打开储液罐密封盖	更换周期	_____
		冷却液状态	□冷　□热
		注意事项	戴好护目镜并穿上防护服
	②举升车辆并将废液收集盘置于车下	举升高度	_____
		注意事项	
		①举升车辆过程中，车底禁止站人； ②废液收集盘对准出液口，防止液体溅出	

学习任务八　新能源汽车冷却液更换

续表

	③松开散热器的冷却液排放螺栓	螺栓旋转方向	
		注意事项	冷却液有毒，防止接触人体
	④排放出系统中的冷却液	可否再次使用	□是　□否
		注意事项	做好废液的回收处理

3）对冷却系统进行清洗，并填写下表。

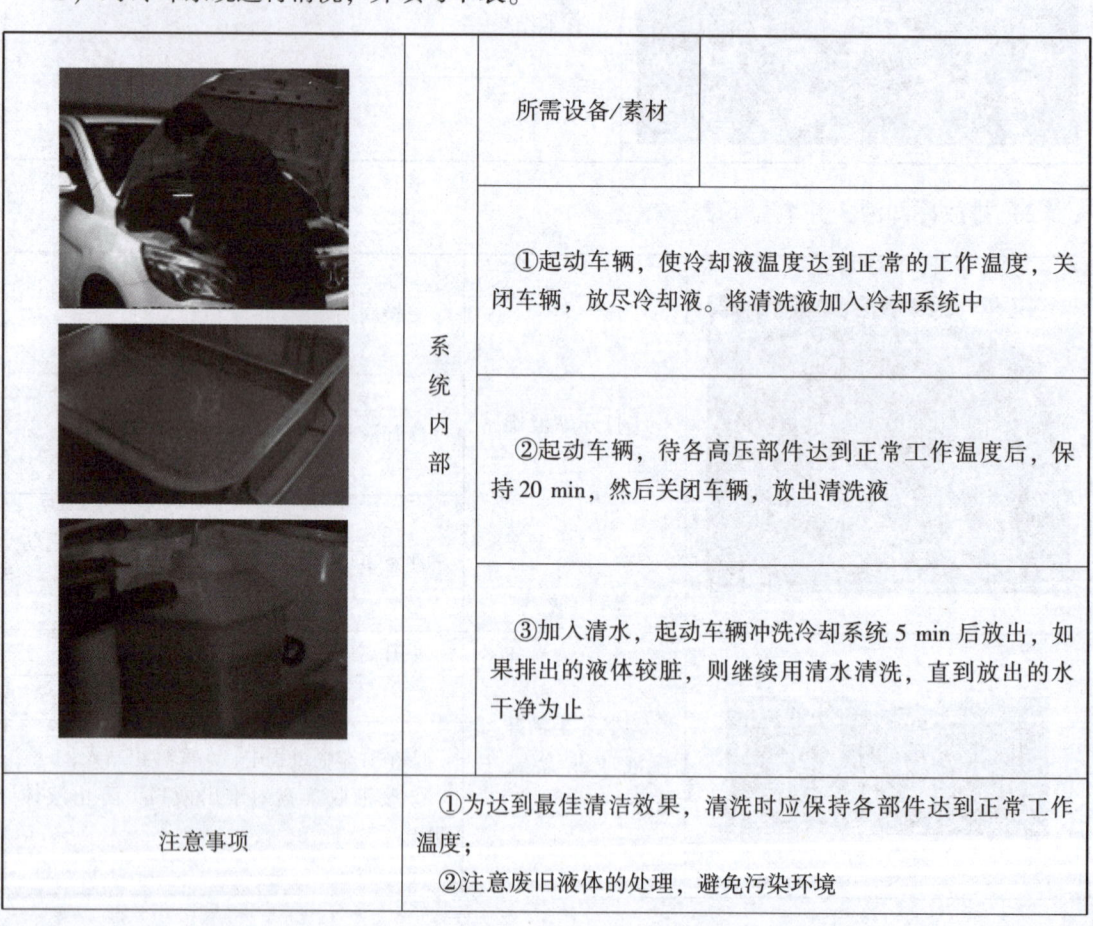

	系统内部	所需设备/素材	
		①起动车辆，使冷却液温度达到正常的工作温度，关闭车辆，放尽冷却液。将清洗液加入冷却系统中	
		②起动车辆，待各高压部件达到正常工作温度后，保持 20 min，然后关闭车辆，放出清洗液	
		③加入清水，起动车辆冲洗冷却系统 5 min 后放出，如果排出的液体较脏，则继续用清水清洗，直到放出的水干净为止	
注意事项		①为达到最佳清洁效果，清洗时应保持各部件达到正常工作温度； ②注意废旧液体的处理，避免污染环境	

续表

图片	项目	内容
	散热片外部	使用_____从散热器后部（电动机侧）冲走散热器空调冷凝器的碎屑
	注意事项	①待电动机冷却后再清洁； ②严禁使用水枪对散热器散热片喷水清洗

4）加注冷却液，并填写下表。

图片	步骤	项目	内容
	①加注冷却液	可否混合使用	□是　□否
		指定冷却液防冻温度	一般情况：_____ 极寒情况：_____
		加注位置	
	②开启电动水泵，带动冷却系统循环，再向储液罐中补充冷却液	电动水泵每次运行时间	
		可否用水代替冷却液	□是　□否
	③加注冷却液，直至达到总加注量要求，然后向储液罐中继续加注至上限位置	冷却液总加注量	_____L
		冷却液上限	□MAX　□MIN

学习活动 5　检查质量

建议学时：1 学时。

学习要求：学生根据新能源汽车冷却液更换的要求，按检查标准对作业质量进行自检，在工单上填写评价结果。

具体要求：指导教师检查本组作业结果，并针对作业过程中出现的问题提出改进措施及建议，并填写下表。

序号	评价标准	评价结果
1	相关物品及资料交接齐全无误	
2	安全、规范地完成维护与保养工作	
3	能根据车辆实际情况更换冷却液	
4	能使用散热器清洗剂对冷却系统进行清洗	
5	检查车况并在维修记录单上签字	
综合评价	☆ ☆ ☆ ☆ ☆	
综合评语（作业问题及改进建议）		

学习活动 6　评价反馈

建议学时：1 学时。

学习要求：能讲述和展示新能源汽车冷却液更换的要点，在检查维护结束后及时记录、反思、评价、存档，总结工作经验，分析不足，提出改进措施，注重自主学习与提升。

具体要求：

1）学生根据自己在课堂中的实际表现进行自我反思和自我评价。

自我反思：_____

_____

自我评价：_____

_____

2）指导教师根据学生在课堂中的实际表现进行评价打分，并记录下表中的得分。

项目	评分标准	分值	得分
接受任务	明确工作任务，准确记录客户及车辆信息	5	
信息收集	掌握工作相关知识及操作要点	15	
制订计划	计划合理可行	10	

续表

项目	评分标准	分值	得分
计划实施	操作前做好场地、工具和设备等准备工作	5	
	能说出冷却液定期更换的原因	5	
	能选择合适的冷却液	5	
	能按规定完成排放冷却液的操作	10	
	能熟练清洁冷却系统内部和外部	10	
	能按照规定完成加注冷却液的操作	10	
	能在整个操作过程中规范操作，避免意外事故发生	10	
	能在操作结束后整理清洁场地	5	
质量检查	按照要求完成相应任务	5	
评价反馈	经验总结到位，合理评价	5	
合计		100	

学习任务九

新能源汽车底盘基本检查

学习目标

1. 正确检查驱动半轴万向节防护套有无泄漏或损坏情况。
2. 正确检查电池及驱动电机外观和固定情况,按规定力矩拧紧动力电池螺栓。
3. 正确检查车厢底部、轮罩和边缘,并能确定其是否需要维修。
4. 正确检查驱动电机及减速器前悬架的固定螺栓,能按照规定力矩拧紧。
5. 了解减速器的几个油孔名称,能完成减速器漏油检查。
6. 正确检查横拉杆保护套有无老化、破损,能判断其是否需要修复或更换。
7. 正确检查悬架与车身连接固定螺栓情况,能按照规定力矩拧紧。
8. 正确检查车辆悬挂减振情况,并能判断其是否需要维修。

素质目标

1. 严格按规范执行高压安全操作。
2. 具备良好的动手实践能力。
3. 严格执行6S标准。
4. 培养团队协作精神。

建议学时

12~16学时。

工作情境描述

客户张先生来到汽车服务有限公司做维护保养,由于张先生经常在一些不平路段行驶,因此维修技师刘强对车辆的底盘进行了重点检查。

工作流程与活动

学习活动 1　接受任务

建议学时：1 学时。
学习要求：学习新能源汽车底盘基本检查知识，掌握新能源汽车底盘基本检查要点。
具体要求：充分理解工作任务，梳理工作要求，了解工作要点和技巧，查阅相关信息，执行工作任务。

学习活动 2　收集信息

建议学时：2~3 学时。
学习要求：通过查找相关信息，熟知新能源汽车底盘构成、作用及检查要点。
具体要求：

1）传统内燃机汽车底盘由_____、_____、_____和_____四部分组成。

2）（判断）汽车的传动系统一般由汽车的车架、车桥、车轮和悬架等组成。（　　）

3）（判断）电动汽车的底盘和传统内燃机汽车的底盘构成和作用基本一样，没有什么区别。（　　）

4）汽车的底盘工作环境恶劣，大多数零部件工作在裸露、高速旋转、频繁工作状态下，容易受复杂外力、温度等的影响，这些关系到车辆正常运转和驾驶的_____、乘坐_____以及_____。

5）_____的作用是弹性地连接车桥和车架，缓和行驶中车辆受到的冲击力，衰减由弹性系统引起的振动，使汽车在行驶过程中保持稳定，提高舒适性及操作稳定性。

6）（多选）下列选项中属于检查减振器的项目是（　　）。
A. 检查减振弹簧上下座是否有松脱、开裂现象
B. 检查前后减振器是否有漏油
C. 防尘罩是否有裂纹
D. 油封是否有破坏

7）（判断）检查底盘状况时，还需要检查驱动电机及减速器在前悬架的紧固情况。（　　）

8）轿车一般以_____为转向驱动轮，驱动轮毂与差速器之间通过_____连接，其两端为_____。

9）方向机和转向节通过_____连接在一起。

10）日常洗车时，注意不要用_____、_____等冲洗车身和底盘，否则会影响防锈效果并缩短防锈时间。

11）下图中箭头指示的部件名称为_____。

学习任务九　新能源汽车底盘基本检查

12）汽车悬架类型可分为_____、_____。

学习活动 3　制订计划

建议学时：1~2学时。

学习要求：能与相关人员进行专业、有效的沟通，根据新能源汽车底盘检查内容，进行作业前的准备工作。

具体要求：

1）根据电动汽车底盘检查的要求，制订作业计划，并填写下表。

序号	作业项目	操作要点
1	检查万向节防护套、高压线束是否破损	
2	检查车身底部及驱动电机等是否有磕碰	
3	检查前悬架、电池等固定螺栓紧固情况	
4	检查车辆悬挂减振情况	
计划审核	审核意见： 年　　月　　日　签字	

2）根据检查维护的作业计划，完成小组成员任务分工，并记录下表中的内容。

操作人		记录员	
监护人		展示员	
作业注意事项			

①实训开始前应摘掉戒指、手表和项链等金属饰物，脱去宽松的衣服，换上实训工装，长头发应挽起固定于脑后；

②在当多人作业，起动运转设备或机器时，必须事先发出起动操作信号，确认安全后方可起动，并且当机器设备运行时，身体及衣服应远离转动部件；

③按正确的方法使用状态良好的工具，使用后应立即清理；

④在使用汽车举升车时，应严格按照操作规程进行作业；

⑤在整车实训时，应确保点火开关处于 LOCK 位置，操作另有要求除外；

⑥在就车工作时，应施加驻车制动（检查该部件时除外），除非特定操作要求置于其他挡位，否则应将挡位置于 N 位；

⑦扭力扳手是在拧紧固件（螺栓、螺母）时测量其拧紧力矩的，绝不能用于拆已拧紧的紧固件，也不能敲打、磕碰或另作他用；

⑧在扳手手柄上尽量使用拉力（力向上）而不要用推力（力向下），要调整好操作姿势，防止操作失败时人员意外伤害；

⑨在使用时应严禁在尾部加套管或长柄，有专用配套附件（套管或长柄）除外；

⑩在使用前后，扳手应存放于专用盒内，不可随处放置

检测设备/工具/材料			
序号	名称	数量	清点
1	新能源实训汽车	1 辆	□已清点
2	实训工装	1 套	□已清点
3	线手套	1 副	□已清点
4	绝缘安全帽	1 顶	□已清点
5	护目镜	1 副	□已清点
6	扭力扳手	1 把	□已清点
7	维修工具（套筒）	1 套	□已清点
8	手电筒	1 个	□已清点

学习活动 4　实施计划

建议学时：6~8 学时。

学习要求：能根据制订的作业计划，以及新能源汽车底盘检查维护的作业流程和规范，通过查验、记录等方式，在规定时间内完成新能源汽车底盘检查维护的任务。

具体要求：

1）举升车辆，目测传动轴万向节防护套有无泄漏或损坏，并填写下表。

图	检查项目	位置	状态
	①检查万向节防护套外观	左前轮	□完好 □破损
		右前轮	□完好 □破损
		右后轮	□完好 □破损
		左后轮	□完好 □破损
	②检查万向节是否有漏油现象	左前轮	□无渗漏 □漏油
		右前轮	□无渗漏 □漏油
		右后轮	□无渗漏 □漏油
		左后轮	□无渗漏 □漏油
	③检查万向节轴卡箍是否有漏油现象	左前轮	□无渗漏 □漏油
		右前轮	□无渗漏 □漏油
		右后轮	□无渗漏 □漏油
		左后轮	□无渗漏 □漏油

2）目测车身底部及驱动电机是否有磕碰、损坏，并填写下表。

图	检查项目	分项	状态
	①检查动力电池外观及紧固情况	外观	□无磕碰、凹陷 □有明显损伤
		紧固情况	□正常 □松动 工具规格：_____ 拧紧力矩：_____
	②检查驱动电机外观	外观	□无磕碰、凹陷 □有明显损伤

3）目测车厢底部、轮罩和边缘是否有磕碰、损坏，并填写下表。

	左前轮	□完好 □破损
检查轮罩和边缘	右前轮	□完好 □破损
	右后轮	□完好 □破损
	左后轮	□完好 □破损
是否需要维修	□是 □否	

4）检查驱动电机及减速器前悬架的固定螺栓，按照规定力矩拧紧，并填写下表。

	螺栓数量：_____
	工具规格及拧紧力矩：_____
检查驱动电机及减速器前悬架螺栓	A：13 mm（两个），50~60 N·m □正常 □松动
	B：15 mm，70 N·m □正常 □松动
	C：15 mm，80~90 N·m □正常 □松动

5）拆卸下护板，检查减速器是否漏油，并填写下表。

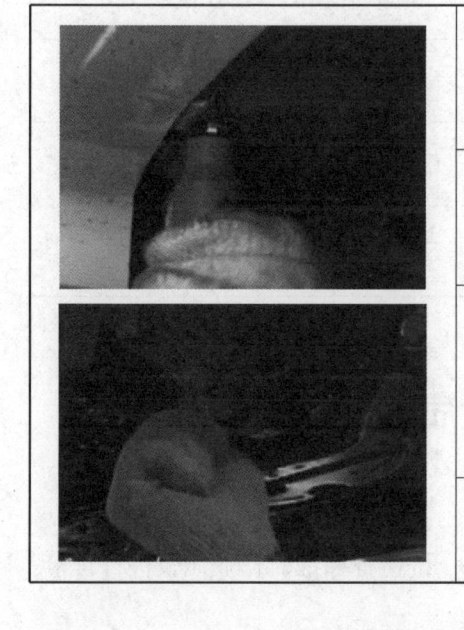

		作用：_____
	 	作用：_____
		图中1、2的名称： 1：_____ 2：_____
是否有漏油现象：□是 □否 漏油位置：_____		

6）检查车辆高压线束保护套有无进水、老化、破损，并填写下表。

检查位置			
慢充线束	动力电池母线	空调压缩机电源线	电动机 U、V、W 三相线
检查结果			
□完好 □破损	□完好 □破损	□完好 □破损	□完好 □破损

处理结果：_____

7）检查悬架与车身连接固定螺栓情况，并填写下表。

□正常　□松动
工具规格：_____
拧紧力矩：_____

8）按压车辆，观察车辆悬架减振情况，并填写下表。

左前轮	□偏软　□偏硬　□适中
右前轮	□偏软　□偏硬　□适中
右后轮	□偏软　□偏硬　□适中
左后轮	□偏软　□偏硬　□适中

学习活动 5　检查质量

建议学时：1 学时。

学习要求：学生根据新能源汽车底盘检查维护要求，按检查标准对作业质量进行自检，在工单上填写评价结果。

具体要求：指导教师检查本组作业结果，并针对作业过程中出现的问题提出改进措施及建议，并填写下表。

序号	评价标准	评价结果
1	能目测检查万向节防护套	
2	能目测检查车身底部及驱动电机	
3	能目测检查车厢底部、轮罩和边缘	
4	能使用扭力扳手检查驱动电机及减速器前悬架的固定螺栓	
5	能目测检查减速器是否漏油	
6	能目测检查高压线束保护套	
7	能使用扭力扳手检查悬架与车身连接固定螺栓	
8	能按压车辆，正确检查车辆悬架减振情况	
综合评价	☆ ☆ ☆ ☆ ☆	
综合评语 （作业问题及改进建议）		

学习活动 6 评价反馈

建议学时：1 学时。

学习要求：能讲述和展示新能源汽车底盘检查的要点，在检查维护结束后及时记录、反思、评价、存档，总结工作经验，分析不足，提出改进措施，注重自主学习与提升。

具体要求：

1）学生根据自己在课堂中的实际表现进行自我反思和自我评价。

自我反思：_____

_____

自我评价：_____

_____

2）指导教师根据学生在课堂中的实际表现进行评价打分，并记录下表中的得分。

项目	评分标准	分值	得分
接受任务	明确工作任务，理解任务在车辆维护与保养中的重要性	5	
信息收集	知道电动汽车底盘清洗及防护方法	5	
	熟悉电动汽车底盘转向节、半轴、悬架等结构	8	
	知道悬架的几种类型和应用车型	6	
制订计划	计划合理可行	10	
	能协同小组成员安排任务分工	5	
计划实施	能在实施前准备好所需要的工具和设备	5	
	正确检查万向节防护套有无泄漏或损坏情况	8	
	正确检查电池及驱动电机外观和固定情况	3	
	按规定力矩拧紧动力电池固定螺栓	8	
	正确检查车厢底部、轮罩和边缘并确定其是否需要维修	2	
	按照规定力矩拧紧电动机及减速器前悬架的固定螺栓	8	
	了解减速器的几个油孔名称，完成减速器漏油检查	2	
	清楚底盘高压线束检查项目，正确检查保护套有无进水、老化、破损，并能判断其是否需要修复或更换	5	
	按照规定力矩拧紧悬架与车身连接的固定螺栓	3	
	正确检查车辆悬架减振情况，并判断其是否需要维修	3	
质量检查	顺利完成任务，操作过程规范	10	
评价反馈	能对自身表现情况进行客观评价	2	
	能在任务实施过程中发现自身问题	2	
合计		100	

学习任务十

新能源电动汽车制动系统基本检查

学习目标

1. 能认识电动汽车制动系统的组成及功用。
2. 能检查制动液液位及含水量是否达标。
3. 能检查制动系统是否有泄漏或损坏。
4. 能检查轮胎胎面、胎纹、胎压状态。
5. 能检查前后制动器状态并更换制动摩擦片。
6. 能检查并调整驻车制动器和制动踏板自由行程。
7. 能检查真空泵和控制器功能是否正常。

素质目标

1. 严格按规范执行高压安全操作。
2. 具备良好的动手实践能力。
3. 严格执行 6S 标准。
4. 培养团队协作精神。

建议学时

12~16 学时。

工作情境描述

客户王先生是北汽新能源电动汽车 EV200 的车主，今日来店做 B 级维护保养。王先生反映最近在踩制动踏板时感觉比较硬，维修技师刘强着重对制动系统进行了检查。

工作流程与活动

学习活动 1　接受任务

建议学时： 1 学时。

学习要求： 学习新能源电动汽车制动系统基本检查知识，掌握新能源电动汽车制动系统的基本检查要点。

具体要求： 充分理解工作任务，梳理工作要求，了解工作要点和技巧，查阅相关信息，执行工作任务。

学习活动 2　收集信息

建议学时： 2~3 学时。

学习要求： 通过查找相关信息，熟知新能源电动汽车制动系统装置的功能、类型、结构组成、检查和维护的要点。

具体要求：

1）行车制动器的功能是_____。
驻车制动器的功能是_____。
2）北汽新能源电动汽车 EV200 的制动系统类型为_____。
3）（多选）下列属于电动真空助力制动系统主要组成部分的是（　　　）。
A. 供能装置　　　B. 控制装置　　　C. 传动装置　　　D. 制动器
4）请识别并标出下图中制动器的名称。

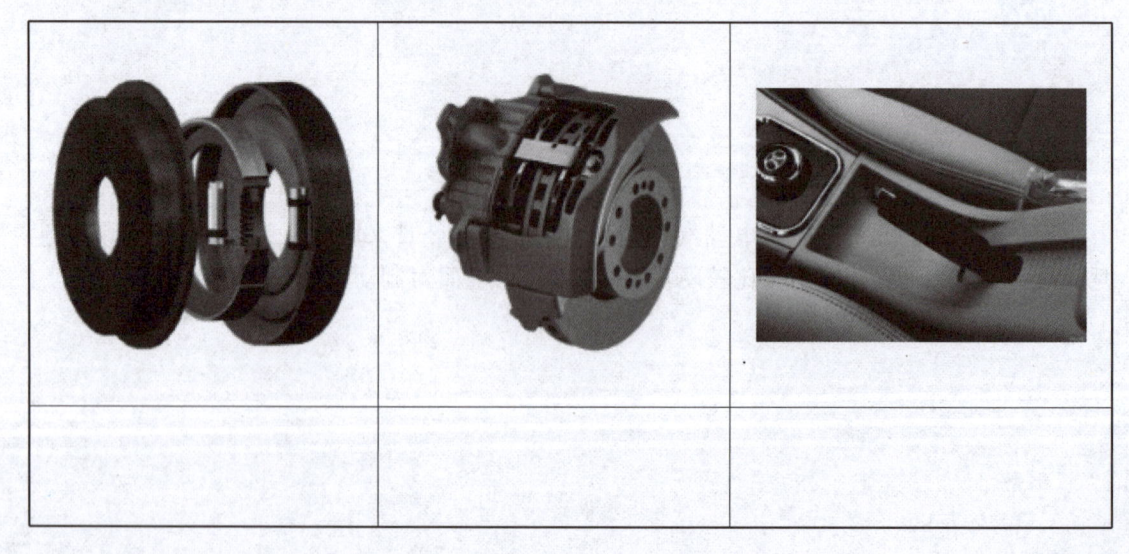

5）请标注下图中鼓式制动器结构名称。

1	
2	
3	
4	
5	

6）请标注下图中盘式制动器结构名称。

1	
2	
3	
4	
5	
6	

7）请标注下图中驻车制动器结构名称。

1	
2	
3	
4	
5	
6	
7	

8）制动系统需要检查维护的有_____等部件。

9）请简述电动真空助力制动系统的工作过程。

_____
_____
_____
_____

10）请识别并填写下表中真空助力器的状态名称。

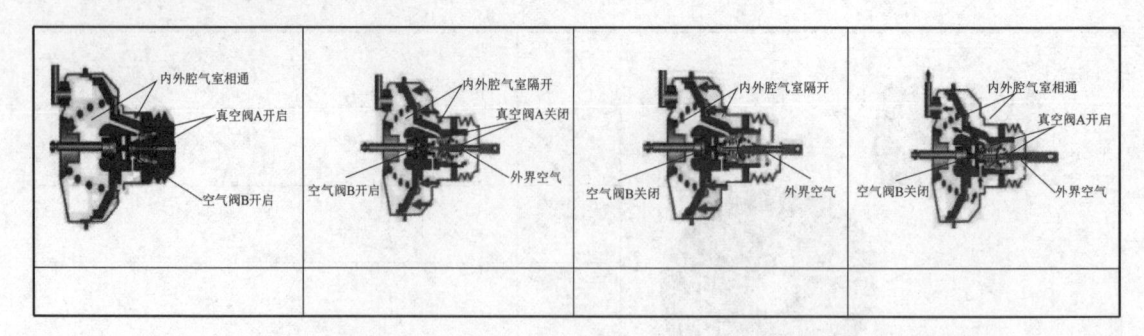

内外腔气室相通 真空阀A开启 空气阀B开启	内外腔气室隔开 真空阀A关闭 空气阀B开启 外界空气	内外腔气室隔开 真空阀A关闭 空气阀B关闭 外界空气	内外腔气室相通 真空阀A开启 空气阀B关闭 外界空气

11）北汽新能源电动汽车 EV200 的制动踏板的自由行程应为总行程的_____，自由行程不符合要求时，可松开总泵推杆的_____，拧动推杆，通过改变其长度进行调整。调整完后，再拧紧锁紧螺母。

12）制动器摩擦片检查及更换标准。

盘式制动器：摩擦片磨损极限厚度（不计背板厚度）为_____，制动盘极限厚度为_____。

鼓式制动器：摩擦片有效厚度（不计背板厚度）为_____，磨损极限厚度（不计背板厚度）为_____，制动鼓摩擦表面如果凹槽过深或制动毂成椭圆，必须与蹄片一起更换。

13）当检查驻车制动器时，手柄的有效工作点为整个行程的_____，棘轮的响声为_____响。

14）请根据图片识别 EV200 所搭载轮胎规格并填写下表中的技术参数。

轮胎规格		是否是子午线轮胎	
胎宽		扁平比	
直径		载重系数	
轮胎标准气压		螺栓拧紧力矩	

15）请简述车辆轮胎花纹深度尺的使用方法。

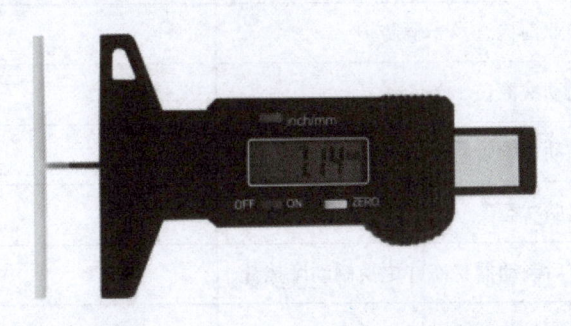

①使用前_____置于平板上，轻推尺身，使测头与平板接触，置零。
②测量时轻推尺身，使测头_____，并稍微滑动几下，避免花纹沟内的磨耗标记影响测量结果。
③读取显示屏上的示数，反复操作测得一组数值，从中得出_____。

16）ABS 主要由_____等部分组成。

17）请列出下表中制动系统的结构。

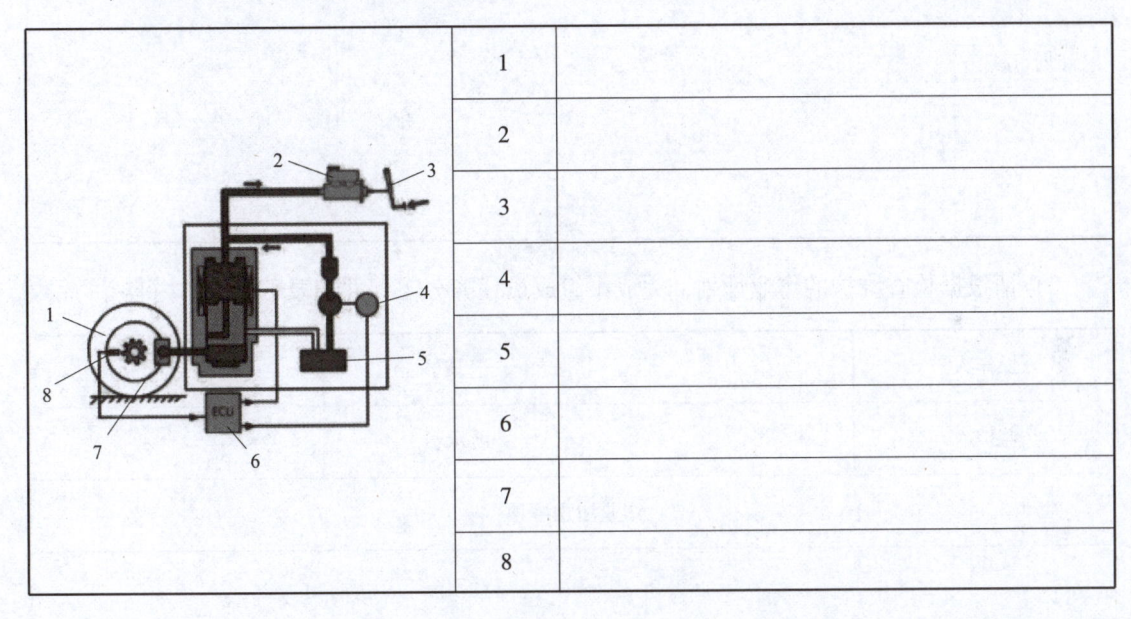

1	
2	
3	
4	
5	
6	
7	
8	

学习活动 3 制订计划

建议学时：1~2 学时。
学习要求：能与相关人员进行专业、有效的沟通，根据新能源汽车电控制动系统的基本检查内容和要点，进行作业前的准备工作。
具体要求：
1）根据车辆维护保养要求，制订制动系统基本检查的作业计划，并填写下表。

序号	作业项目	操作要点
1	维修作业前检查及车辆防护	
2	检查制动液液位	
3	检查制动系统管路	
4	检查轮胎状态	
5	检查前后制动器状态并更换制动摩擦片	
6	检查并调整驻车制动器	
7	检查制动踏板自由行程	
8	检查真空泵和控制器功能	
计划审核	审核意见： 　　　　　　　　　　　　　　　　年　　月　　日　　签字	

2）请根据检查维护的作业计划，完成小组成员任务分工，并记录下表中的内容。

操作人		记录员	
监护人		展示员	
作业注意事项			

①实训开始前，应做好个人着装准备、场地准备和工具准备；
②在进入车内操作前，应先铺好维护保养三件套；
③在进行前机舱操作之前，应先铺设翼子板防护垫；
④在多人作业，起动运转设备或机器时，必须事先发出起动操作信号，确认安全后方可起动，并且当机器设备运行时，身体及衣服应远离转动部件；
⑤在使用万用表时，应选择正确的挡位和量程，并且在使用过后及时关闭；
⑥在检查前机舱线束及插接件时，需要做好绝缘防护准备，并配有操作监护人

检测设备/工具/材料				
序号	名称	数量	清点
1	新能源实训汽车	1辆	□已清点
2	绝缘维修工具	1套	□已清点
3	隔离柱	4个	□已清点
4	警戒线	1卷	□已清点
5	警示牌	1套	□已清点
6	维护保养三件套	1套	□已清点
7	翼子板防护垫	1个	□已清点
8	车轮挡块	4块	□已清点
9	实训工装	1套	□已清点
10	线手套	1副	□已清点
11	高压防护用具	1套	□已清点
12	游标卡尺	1把	□已清点
13	组合工具	1套	□已清点
14	轮胎花纹深度尺	1把	□已清点
15	胎压表	1块	□已清点

学习活动 4　实施计划

建议学时：6~8 学时。
学习要求：能根据制订的作业计划，以及新能源电动汽车制动系统检查的作业流程和规范，通过查验、记录等方式，在规定时间内完成新能源电动汽车制动系统检查的任务。
具体要求：
1）请完成纯电动汽车维修作业前检查及车辆防护，并记录信息。
①进行维修作业前现场环境检查，并记录内容和结果（见下表）。

作业内容：

作业结果：

②在维修作业前进行防护用具检查，并记录内容和结果（见下表）。

	作业内容： _____ _____ 作业结果： _____ _____

③在维修作业前进行仪表工具检查，并记录内容和结果（见下表）。

	作业内容： _____ _____ 作业结果： _____ _____

④在维修作业前实施车辆防护，并记录内容和结果（见下表）。

	作业内容： _____ _____ 作业结果： _____ _____

2）检查制动液，并填写下表。

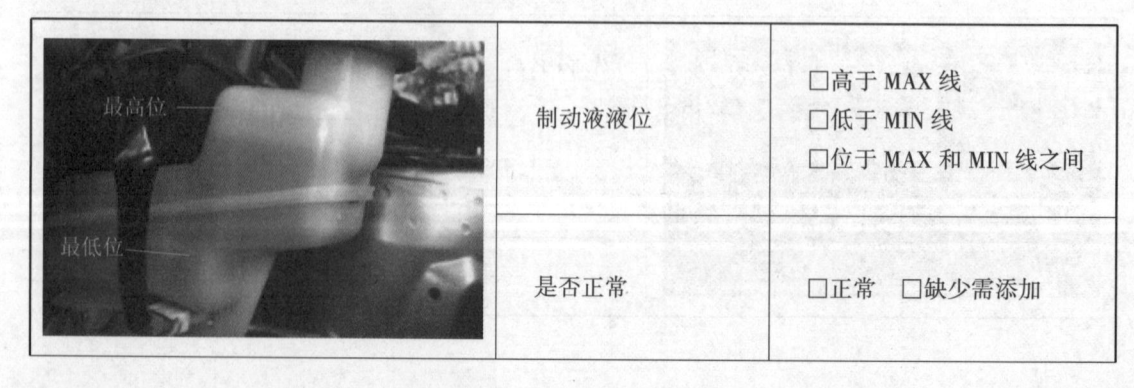

	制动液液位	□高于 MAX 线 □低于 MIN 线 □位于 MAX 和 MIN 线之间
	是否正常	□正常　□缺少需添加

续表

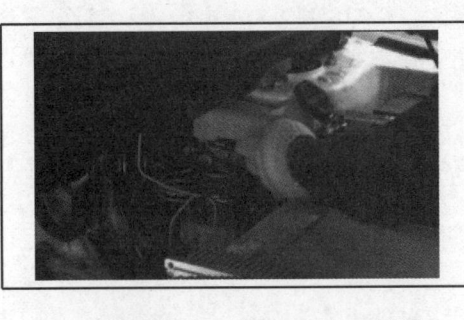

	制动液液位与摩擦片磨损的关系是什么	
	若制动液液位低于MIN线，应当如何处理	

3）检查制动系统管路是否泄漏。

①检查制动软管接头，并填写下表。

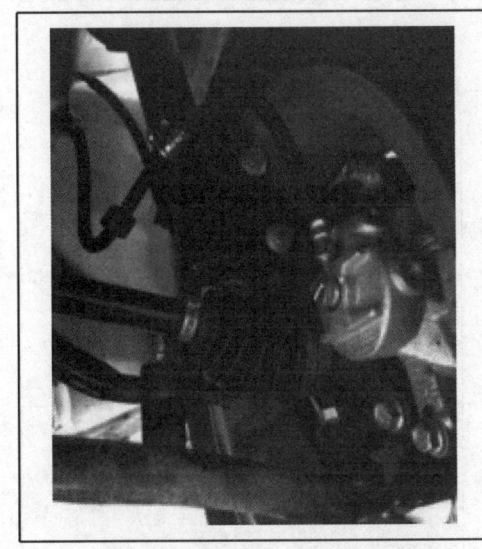

检查部位	是否有泄漏
制动真空泵与软管连接处	□是 □否
制动真空罐与软管连接处	□是 □否
检查要点	
注意事项	

②检查制动装置是否有泄漏和损坏，并填写下表。

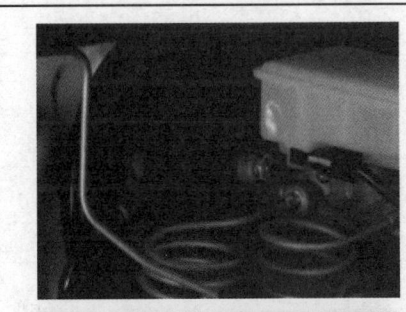

需要检查的条件	
检查部件	是否有泄漏或损坏
制动总泵	□是 □否
真空助力器	□是 □否
制动器	□是 □否
制动软管	□是 □否
制动管路及其接口	□是 □否
固定装置	□是 □否

续表

	注意事项	

4) 检查轮胎状态，并填写下表。

	①将车辆举升到合适高度	举升车类型	
		支撑垫个数	
		熔断器	
	②检查轮胎外观	轮胎表面	□正常 □破损 □划痕
		轮胎花纹	□正常 □石子卡入
	③检查轮胎花纹深度	左前	_____mm □更换
		左后	_____mm □更换
		右后	_____mm □更换
		右前	_____mm □更换

续表

	④检查轮胎胎压	左前	_____ kPa	□更换
		左后	_____ kPa	□更换
		右后	_____ kPa	□更换
		右前	_____ kPa	□更换

5）检查前后制动器状态，并填写下表。

	使用工具	
盘式摩擦片厚度（前轮）	盘式摩擦片厚度	有效厚度：_____ mm
		极限厚度：_____ mm
		测量厚度：_____ mm
	是否需要更换	□是　□否
制动盘（前轮）	制动盘厚度	极限厚度：_____ mm
	制动盘更换频率	通常更换_____次制动片时，需要对制动盘一同进行更换
	是否需要更换	□是　□否
鼓式摩擦片厚度（后轮）	鼓式摩擦片厚度	有效厚度：_____ mm（不计背板）
		极限厚度：_____ mm（不计背板）
		测量厚度：_____ mm（不计背板）
	是否需要更换	□是　□否

6）检查并调整驻车制动器。

①检查驻车制动器，并填写下表。

制动手柄的有效工作点	整个行程的_____%
	_____个棘轮齿
检查结果	□正常　□需调整

②对驻车制动器进行调整，并填写下表。

使用工具	
操作步骤	
注意事项	

7）检查制动踏板自由行程，并填写下表。

制动踏板标准自由行程	
测量结果	□正常　□过大　□过小
自由行程过大的影响	
自由行程过小的影响	

8）检查真空泵和控制器功能，并填写下表。

①车辆静止状态下，完全踩下制动踏板，真空泵应正常启动	点火开关	□LOCK　□ACC □ON　□START
	仪表状态	
	踩踏制动踏板次数	_____次
	真空度到达设定值时	电机应_____

续表

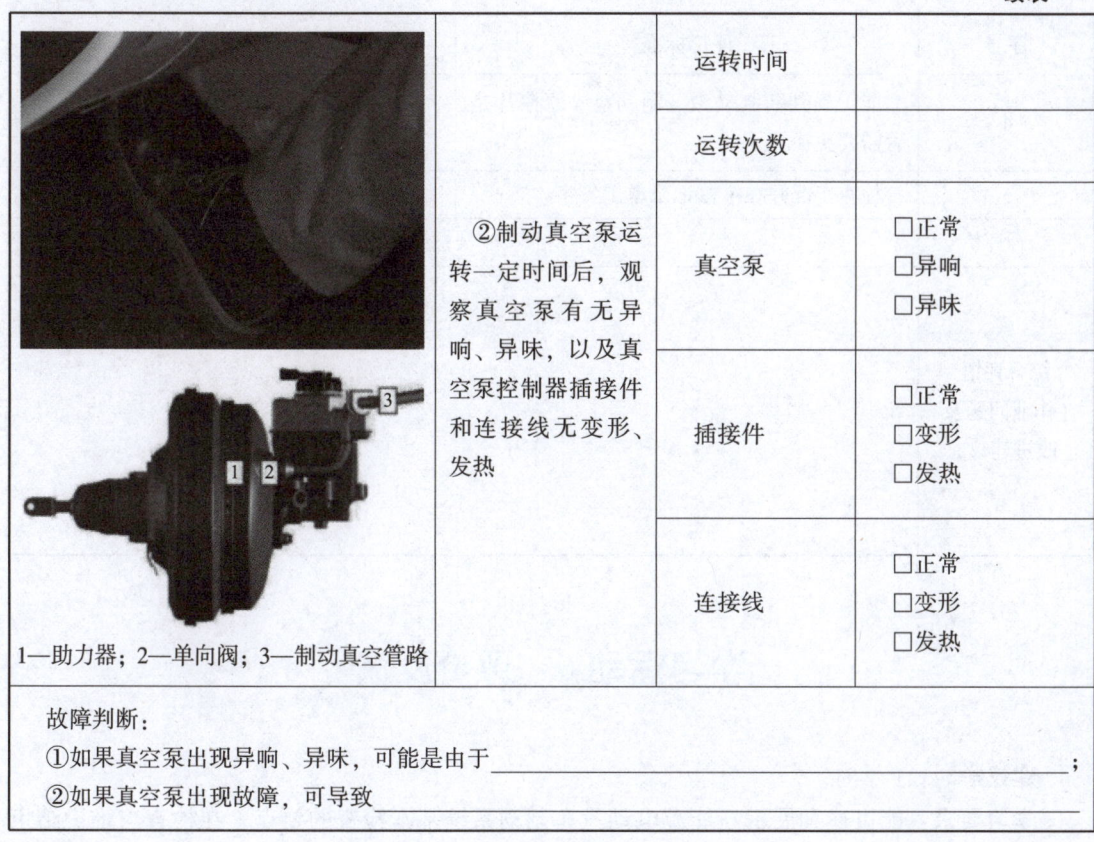

		运转时间	
	②制动真空泵运转一定时间后,观察真空泵有无异响、异味,以及真空泵控制器插接件和连接线无变形、发热	运转次数	
		真空泵	□正常 □异响 □异味
		插接件	□正常 □变形 □发热
1—助力器;2—单向阀;3—制动真空管路		连接线	□正常 □变形 □发热

故障判断:
①如果真空泵出现异响、异味,可能是由于＿＿＿＿＿＿＿＿＿＿＿＿＿＿＿＿＿＿＿＿；
②如果真空泵出现故障,可导致＿＿＿＿＿＿＿＿＿＿＿＿＿＿＿＿＿＿＿＿＿＿＿。

学习活动 5　检查质量

建议学时：1 学时。

学习要求：学生根据新能源汽车电控制动系统检查的基本要求,按检查标准对作业质量进行自检,在工单上填写评价结果。

具体要求：指导教师检查本组作业结果,并针对作业过程中出现的问题提出改进措施及建议,并填写下表。

序号	评价标准	评价结果
1	相关物品及资料交接齐全无误	
2	安全、规范地完成维护保养工作	
3	能根据用车情况对车辆制动系统进行检查和调整	

续表

序号	评价标准	评价结果
4	能正确判断制动液、制动盘、摩擦片是否需要更换	
5	检查车况并在维修记录单上签字	
综合评价	☆☆☆☆☆	
综合评语（作业问题及改进建议）		

学习活动 6　评价反馈

建议学时：1 学时。

学习要求：能讲述和展示新能源电动汽车制动系统基本检查的要点，在检查与维护结束后及时记录、反思、评价、存档，总结工作经验，分析不足，提出改进措施，注重自主学习与提升。

具体要求：

1）学生根据自己在课堂中的实际表现进行自我反思和自我评价。

自我反思：_____
_____

自我评价：_____
_____

2）指导教师根据学生在课堂中的实际表现进行评价打分，并记录下表中的得分。

项目	评分标准	分值	得分
接受任务	明确工作任务，准确记录客户及车辆信息	5	
信息收集	掌握工作相关知识及操作要点	13	
制订计划	计划合理可行	10	

续表

项目	评分标准	分值	得分
计划实施	操作前做好场地、工具和设备等准备工作	6	
	能规范使用汽车举升车举升车辆	5	
	能正确检查制动液液位是否符合要求	3	
	能正确检查制动系统管路及装置是否有泄漏和损坏	7	
	能正确检查轮胎外观、胎压、胎纹是否正常	8	
	能正确检查前后制动摩擦片厚度及制动盘	10	
	能正确检查并调整驻车制动器	10	
	能正确检查并调整制动踏板自由行程	8	
	能正确检查制动真空泵、控制器功能	5	
质量检查	按照要求完成相应任务	5	
评价反馈	经验总结到位，合理评价	5	
合计		100	

拓展园地

新能源汽车的核心技术是"三电"系统，包括电池、电动机、电控系统。除此之外，由于智能网联的快速发展，围绕汽车产生的数据加工、算法等形成的软件技术，同样是新能源汽车的核心技术。数据是汽车能够不断进化的 DNA。相对于硬件来说，软件使汽车更具个性特征；没有硬件不行，但只有硬件不够，硬件需要软件来升华，通过数据让汽车"进化"。在新能源汽车的整个平台架构中，整车控制器、电机控制器和电池管理系统是最重要的核心技术，对整车的动力性、经济性、可靠性和安全性等有着重要影响。

整车控制器是用在纯电车型中的控制器，其功能类似于传统内燃机汽车的发动机控制器，是新能源车辆控制系统中的"大脑级"控制器。在某些插电式混合动力车型中，也会用到整车控制器。

电池管理系统是对电池进行管理的系统，通常具有测量电池电压的功能，防止或避免电池过放电、过充电、过温等异常状况出现。随着技术发展，电池管理系统已经逐渐增加许多功能。电池管理系统与电动汽车的动力电池紧密结合在一起，通过传感器对电池的电压、电流、温度进行实时检测，同时进行漏电检测、热管理、均衡管理、报警提醒、计算剩余容量、放电功率并报告电池劣化程度，还根据电池的电压、电流及温度用算法控制最大输出功率，以获得最大行驶里程，以及用算法控制充电机进行最佳电流的充电，通过 CAN 总线接口与车载总控制器、电机控制器、能量控制系统、车载显示系统等进行实时通信。

电机控制器是连接电机与电池的神经中枢，用来调节整车各项性能，足够智能的电机控制器不仅能保障车辆的基本安全及精准操控，还能让电池和电动机发挥出最大的实力。

　　智能汽车是未来发展的大趋势。智能汽车要像伙伴一样了解人，但如果没有安全保障，一切都无从谈起。以前的汽车安全以机械安全为主，但在智能网联汽车时代，安全问题同样是无处不在的，包括零部件的安全、整车的安全、系统的安全、硬件的安全、软件的安全、数据的安全、通信的安全和网络的安全等。

学习任务十一

新能源汽车助力转向系统基本检查

学习目标

1. 能说出并识别助力转向系统基本结构和助力装置。
2. 能检查并正确判断转向盘自由行程是否符合标准。
3. 能检查转向盘是否有松旷现象。
4. 能检查转向盘的锁止装置是否正常。
5. 能检查转向盘自动回位情况。
6. 能检查转向横拉杆球头的间隙、紧固程度及防尘套状态。
7. 能检查转向助力功能并分析故障原因。
8. 能处理电动助力转向故障。

素质目标

1. 严格按规范执行高压安全操作。
2. 具备良好的动手实践能力。
3. 严格执行 6S 标准。
4. 培养团队协作精神。

建议学时

12~16 学时。

工作情境描述

客户王先生是北汽新能源电动汽车 EV 系列轿车车主，今日来店做维护保养。王先生反映近期行车过程中转向盘转向偏重，希望维护保养时能够重点对车辆转向系统进行检查。

工作流程与活动

学习活动 1　接受任务

建议学时：1 学时。

学习要求：学习新能源汽车助力转向系统基本检查知识，掌握新能源汽车助力转向系统基本检查要点。

具体要求：充分理解工作任务，梳理工作要求，了解工作要点和技巧，查阅相关信息，执行工作任务。

学习活动 2　收集信息

建议学时：2~3 学时。

学习要求：通过查找相关信息，熟知新能源汽车助力转向系统的基本组成、原理和检查维护的要点。

具体要求：

1）请在下图中填写汽车助力转向系统的基本组成。

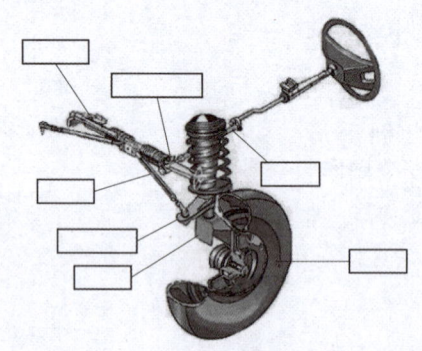

汽车转向系统一般由_____等构成，但转向系统的类型不同，其结构组成又有所差异。_____是整个转向系统的核心部件，作用是放大驾驶员传递的力并同时改变力的传递方向，常见的形式有_____、_____、_____等。

2）电动汽车采用的电动助力转向系统（electric power steering，EPS）主要由_____等电子元件组成。

3）请在下图中标注北汽新能源 EV 系列电动汽车的 EPS 结构。

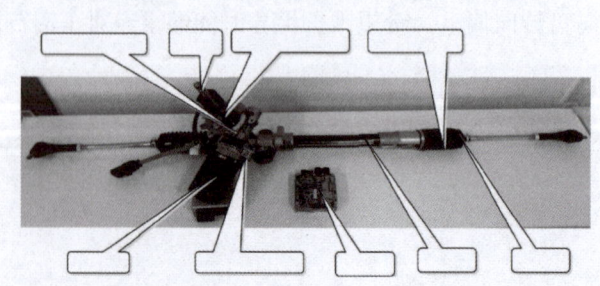

4）EPS 的类型如下表所示。

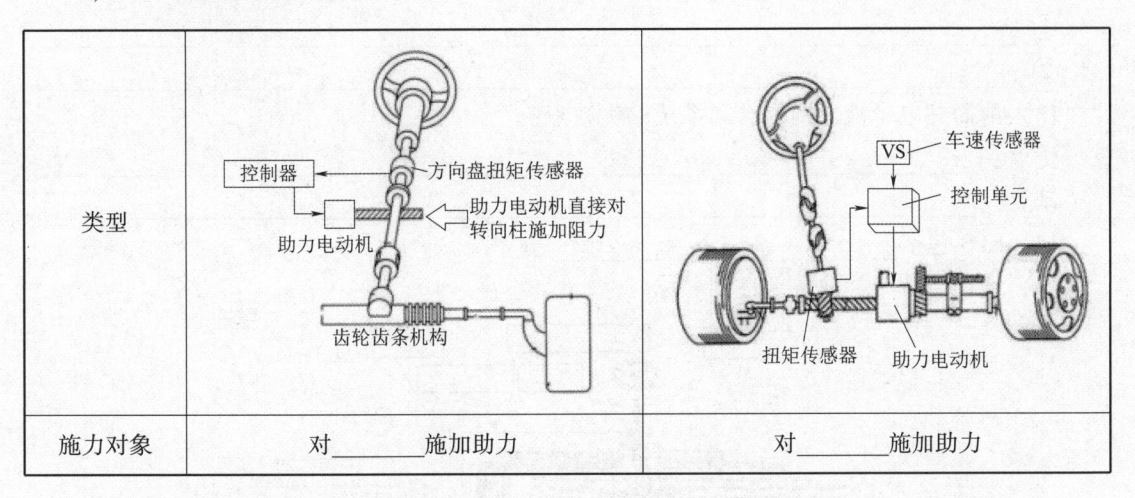

类型	(图：控制器、方向盘扭矩传感器、助力电动机直接对转向柱施加阻力、齿轮齿条机构)	(图：VS 车速传感器、控制单元、扭矩传感器、助力电动机)
施力对象	对＿＿＿＿施加助力	对＿＿＿＿施加助力

5）（多选）ESP 使用的电动机分为（　　）。
A. 交流电动机　　B. 开关磁阻电动机　　C. 有刷直流电动机　　D. 无刷直流电动机

6）扭矩传感器的结构及控制原理。
扭矩传感器由＿＿＿＿和＿＿＿＿组成，由两个带孔圆环、线圈、线圈盒及电路板组成。它获得转向盘上的操作力大小和方向信号，并把它们转换为电信号，传递到 EPS 控制器。

7）蜗杆传动由蜗杆、蜗轮组成。蜗轮和蜗杆两轴交错角为＿＿＿＿。

8）请根据北汽新能源 EV200/160 的 EPS 控制策略画出其电气原理图。

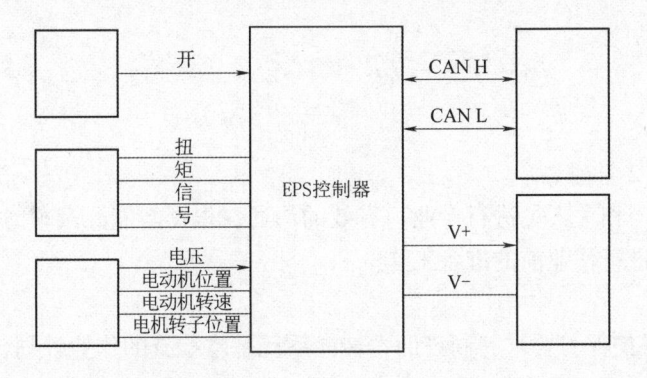

9）EPS 的助力作用受电子控制单元（electronic control unit，ECU）控制，在低速转向时的助力作用最强，随着车速的提高，助力作用逐渐＿＿＿＿，当车速达到一定时＿＿＿＿，转向变为＿＿＿＿。

10）检查转向盘时，将车辆固定在平坦坚实的地面，车轮朝向正前方，依次检查＿＿＿＿、＿＿＿＿。

11）（多选）如果转向盘转动不在规定自由间隙的范围内，要检查（　　）。
A. 转向横拉杆球头是否磨损　　　　B. 下部球接头是否磨损
C. 转向轴接头是否磨损　　　　　　D. 转向小齿轮或齿轮齿条是否磨损或破裂
E. 其他部件是否松动

12）转向助力功能检查的方法。

① _____

② _____

13）请简述电子液压助力转向系统的优缺点。

优点：_____

缺点：_____

14）EPS 包括 _____ 等。

15）请在下图中标注各部件的名称。

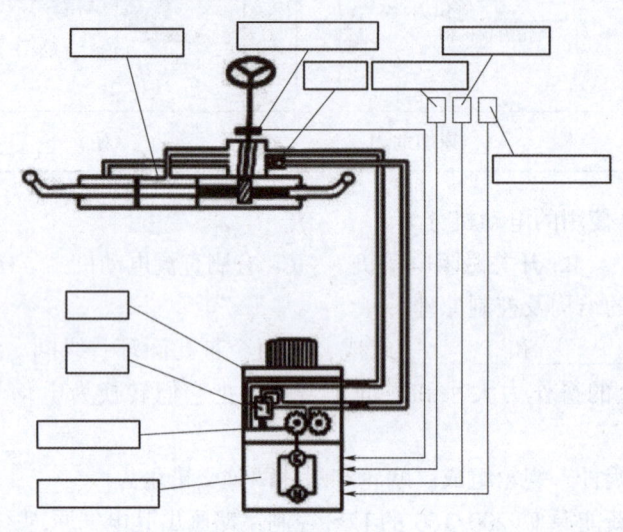

学习活动 3　制订计划

建议学时：1~2 学时。

学习要求：能与相关人员进行专业、有效的沟通，根据新能源汽车助力转向系统检查维护的内容和要点，进行作业前的准备工作。

具体要求：

1）根据车辆维护保养要求，制订助力转向系统基本检查的作业计划，并填写下表。

序号	作业项目	操作要点
1	维修作业前检查及车辆防护	
2	检查转向盘	
3	检查转向助力功能	
4	检查转向横拉杆球头的间隙、紧固程度及防尘套状态	
5	EPS 故障处理	

续表

计划审核	审核意见： 年　　月　　日　　签字

2）根据检查维护的作业计划，完成小组成员任务分工，并记录下表中的内容。

操作人		记录员	
监护人		展示员	
作业注意事项			

①实训开始前，应做好个人着装、工具和设备准备；
②在多人作业，起动运转设备或机器时，必须事先发出起动操作信号，确认安全后方可起动，并且当机器设备运行时，身体及衣服应远离转动部件；
③在使用汽车举升车时，应严格按照操作规程进行作业；
④当进入车内检查助力转向系统时，应先安装维护保养三件套

检测设备/工具/材料			
序号	名称	数量	清点
1	新能源实训汽车	1辆	□已清点
2	汽车举升机	1台	□已清点
3	扭力扳手	1把	□已清点
4	隔离柱	4个	□已清点
5	警戒线	1卷	□已清点
6	警示牌	1套	□已清点
7	维护保养三件套	1套	□已清点
8	翼子板防护垫	1个	□已清点
9	实训工装	1套	□已清点
10	线手套	1副	□已清点
11	万用表	1块	□已清点

学习活动 4　实施计划

建议学时：6~8 学时。

学习要求：能根据制订的作业计划，以及新能源汽车助力转向系统检查维护的作业流程和规范，通过查验、记录等方式，在规定时间内完成新能源汽车助力转向系统检查维护的任务。

具体要求：

1）完成纯电动汽车维修作业前检查及车辆防护，并记录信息。

①进行维修作业前现场环境检查，并记录内容和结果（见下表）。

	作业内容： 作业结果：

②在维修作业前进行防护用具检查，并记录内容和结果（见下表）。

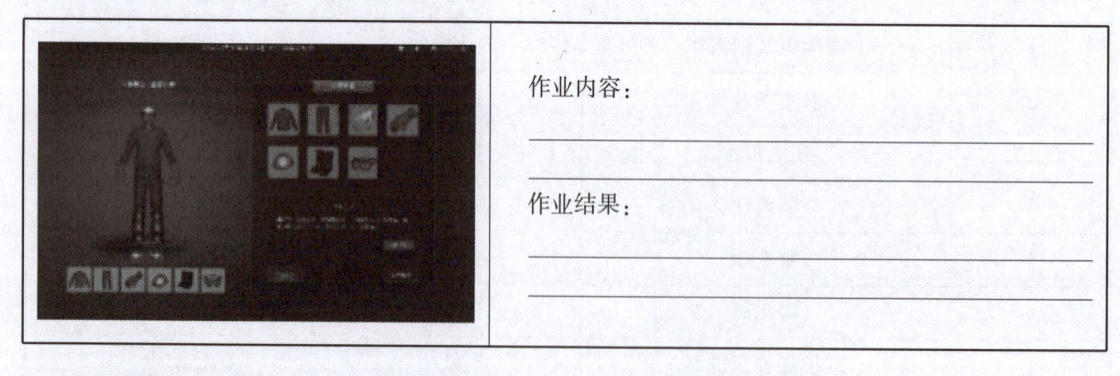

	作业内容： 作业结果：

③在维修作业前进行仪表工具检查，并记录内容和结果（见下表）。

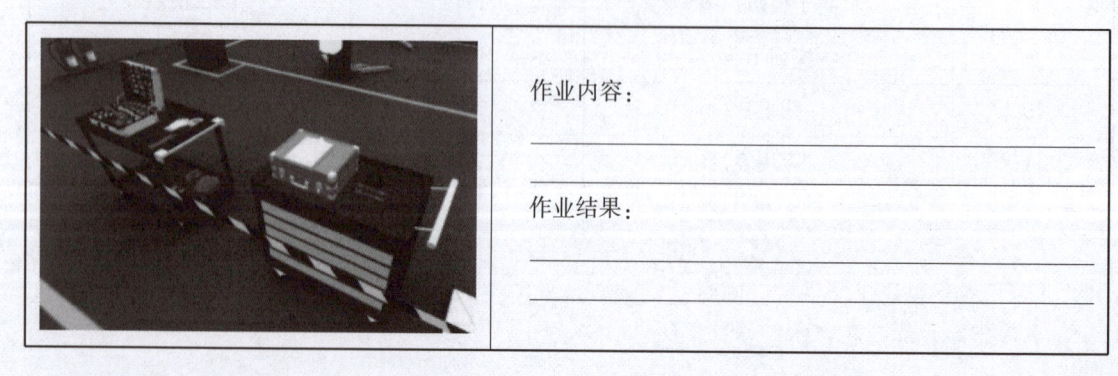

	作业内容： 作业结果：

④在维修作业前实施车辆防护，并记录内容和结果（见下表）。

	作业内容：
	作业结果：

2）检查转向盘。
①进行转向盘自由行程的检查，并填写下表。

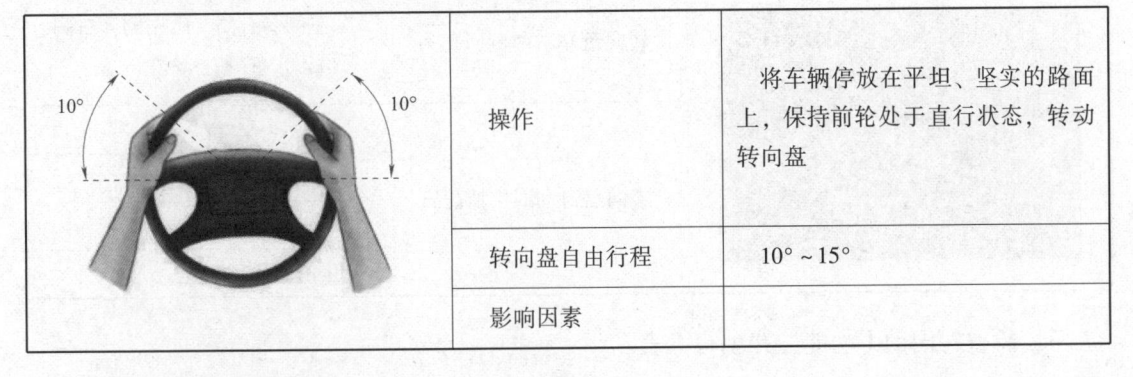

	操作	将车辆停放在平坦、坚实的路面上，保持前轮处于直行状态，转动转向盘
	转向盘自由行程	10°～15°
	影响因素	

②进行转向盘松旷情况检查，并填写下表。

	检查方向及结果	上下方向	□正常　□松旷
		前后方向	□正常　□松旷
		左右方向	□正常　□松旷
		轴向方向	□正常　□松旷
	转向盘松旷时，应调整的部件顺序		
	调整后的重点检查部位		

③进行转向盘锁止情况检查,并填写下表。

	检查转向盘锁止状态	点火开关位置	□LOCK □ACC □ON □START
		转向盘状态	
	检查转向盘解锁状态	点火开关位置	□LOCK □ACC □ON □START
		转向盘状态	

④进行转向盘自动回位情况检查,并填写下表。

	转向盘左右两侧回正力	□左侧>右侧 □左侧<右侧 □左侧=右侧	
	转向盘自动回位情况	车速	
		转向盘角度	
		保持时间	
		转向盘回位	

3)检查转向助力功能,并填写下表。

	①原地转向	点火开关位置	□LOCK □ACC □ON □START
		检查结果	□正常 □沉重 □助力不足
	②低速行驶中转向	点火开关位置	□LOCK □ACC □ON □START
		检查结果	□正常 □沉重 □助力不足
	③将转向盘分别打至左、右极限位置	点火开关位置	□LOCK □ACC □ON □START
		右极限	□正常 □转向盘抖动 □转向盘异响
		左极限	□正常 □转向盘抖动 □转向盘异响

4）检查转向横拉杆球头的间隙、紧固程度及防尘套状态，并填写下表。

	①举升车辆（车轮悬空），检查转向横拉杆球头的间隙	操作方法	
		检查结果	□正常 □异常
	②检查转向横拉杆球头的固定螺母是否牢固	选用工具	
		标准扭矩	
		检查结果	
		注意事项	
	③检查转向横拉杆防尘套有无损坏，安装位置是否正确	防尘套状态	□正常 □损坏 □位置正确 □位置错误

5）进行 EPS 故障处理，并填写下表。

	检查主熔断器和线路熔断器	检查结果	□完好 □断开

续表

	检查终端"D8"和控制盒体接地之间的电压	点火开关位置	☐LOCK ☐ACC ☐ON ☐START
		电压值	
		整车信号线断开或短路	☐是 ☐否
	检查终端"A1"和控制盒体接地之间的电压	电压值	
		整车信号线断开或短路	☐是 ☐否
	检查整车无助力是否可以行驶	检查结果	☐是 ☐否
		CAN通信不畅	☐是 ☐否
	检查插头与EPS控制盒之间连接是否牢靠	检查结果	☐是 ☐否
		搭铁不良	☐是 ☐否
		更换EPS控制盒	☐是 ☐否
		重新检查	☐是 ☐否

学习活动5　检查质量

建议学时：1学时。

学习要求：学生根据新能源汽车助力转向系统检查的要求，按检查标准对作业质量进行自检，在工单上填写评价结果。

具体要求：指导教师检查本组作业结果，针对作业过程中出现的问题提出改进措施及建议，并填写下表。

序号	评价标准	评价结果
1	相关物品及资料交接齐全无误	
2	安全、规范地完成维护与保养工作	
3	能根据客户用车情况对车辆转向盘、助力转向功能进行检查和调整	
4	能举升车辆并检查转向横拉杆球头的间隙、紧固程度及防尘套状态	
5	检查车况并在维修记录单上签字	
综合评价	☆ ☆ ☆ ☆ ☆	
综合评语（作业问题及改进建议）		

学习活动 6　评价反馈

建议学时：1 学时。
学习要求：能讲述和展示新能源汽车助力转向系统基本检查的要点，在检查维护结束后及时记录、反思、评价、存档，总结工作经验，分析不足，提出改进措施，注重自主学习与提升。
具体要求：
1) 学生根据自己在课堂中的实际表现进行自我反思和自我评价。
自我反思：_____
_____

自我评价：_____
_____

2. 指导教师根据学生在课堂中的实际表现进行评价打分，并记录下表中的得分。

项目	评分标准	分值	得分
接受任务	明确工作任务，准确记录客户及车辆信息	5	
信息收集	掌握工作相关知识及操作要点	15	
制订计划	计划合理可行	10	
计划实施	操作前做好场地、工具和设备等准备工作	3	
	能检查并正确判断转向盘自由行程是否标准	10	
	能检查转向盘是否有松旷现象	5	
	能检查转向盘的锁止装置是否正常	8	
	能检查转向盘自动回位情况	8	
	能规范使用汽车举升车举升车辆	3	
	能检查转向横拉杆球头的间隙、紧固程度及防尘套状态	10	
	能检查转向助力功能	10	
	能在操作结束后整理清洁场地	3	
质量检查	按照要求完成相应任务	5	
评价反馈	经验总结到位，合理评价	5	
	合计	100	

拓展园地

电动助力转向系统技术突破，应用更广

与传统液压助力转向系统相比，电动助力转向系统具有很多优势，如结构紧凑，便于维护，能够满足智能驾驶及自动驾驶等新技术的需求，并且可以提升燃油经济性等，因此它成了目前在乘用车上应用最广泛的助力转向系统。

电动助力转向系统与液压助力转向系统最主要的区别是取消了液压系统，通过电机提供动力，控制单元可根据车速及驾驶员施加在转向盘上的力判断需要输出的辅助力矩，从而控制转向系统，因此电动助力转向系统既能实现低速转向时的轻便性，又能保证高速转向的操控稳定性。

随着技术的不断发展，电动助力转向系统已经不再局限于中小型车辆。管柱式、单小齿轮式、双小齿轮式和平行轴式电动助力转向系统的助力性能是递进的，可以适用于不同级别车辆的需求，未来的应用范围也将更广。

学习任务十二

新能源汽车车身电器维护保养

学习目标

1. 能识别仪表盘上各个指示灯，并说明其含义。
2. 能熟练配合搭档检查车外各灯光状态，并调节大灯光束。
3. 能检查电动天窗并清洁、润滑滑动导轨。
4. 能检查安全气囊和安全带并正确判断是否需要维修。
5. 能检查机舱线束及接插件状态，确定其是否需要更换或修复。
6. 能检查低压电池固定情况和工作状态，并测量其静态放电电流。

素质目标

1. 严格按规范执行高压安全操作。
2. 具备良好的动手实践能力。
3. 严格执行 6S 标准。
4. 培养团队协作精神。

建议学时

12～16 学时。

工作情境描述

客户王先生今日来店做维护保养。王先生反映近期夜间行车较多，且进入夏季后，风窗刮水器、电动天窗等车身电器使用较多，需要重点对车身电器进行检查。维修技师刘强将此项任务交给了实习生王磊，王磊对这辆纯电动汽车的车身电器的外观及功能进行了检查。

工作流程与活动

学习活动 1　接受任务

建议学时：1学时。

学习要求：学习新能源汽车车身电器的维护与保养基础知识，掌握新能源汽车车身电器的维护保养要点。

具体要求：充分理解工作任务，梳理工作要求，了解工作要点和技巧，查阅相关信息，执行工作任务。

学习活动 2　收集信息

建议学时：2~3学时。

学习要求：通过查找相关信息，熟知新能源汽车车身电器的作用、组成、特点、结构和检查维护的要点。

具体要求：

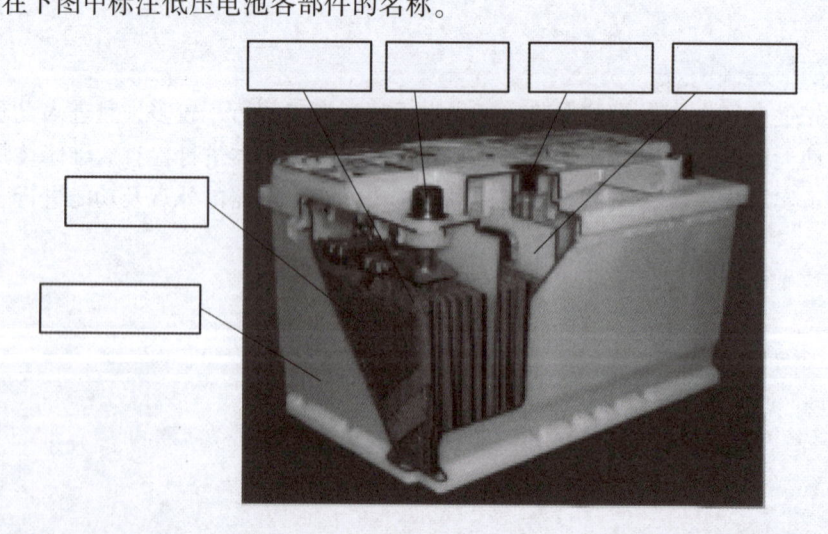

1）（多选）下列选项中属于汽车车身电器能够为汽车驾驶和乘坐提供的性能是（　　）。

　　A. 安全性　　　B. 美观性　　　C. 经济性　　　D. 娱乐性

2）电动汽车车身电器一般包含_____、_____、_____、_____四部分。

3）（判断）电动汽车上所有的舒适娱乐系统都是通过低压电源供电。（　　）

4）配电设备包括_____等。

5）（多选）以下属于电动汽车车身特点的是（　　）。

　　A. 直流　　　B. 橙色线　　　C. 低压　　　D. 负极搭铁　　　E. 单线制

6）请在下图中标注低压电池各部件的名称。

7）识别下图中北汽新能源电动汽车EV200仪表各个指示灯的含义。

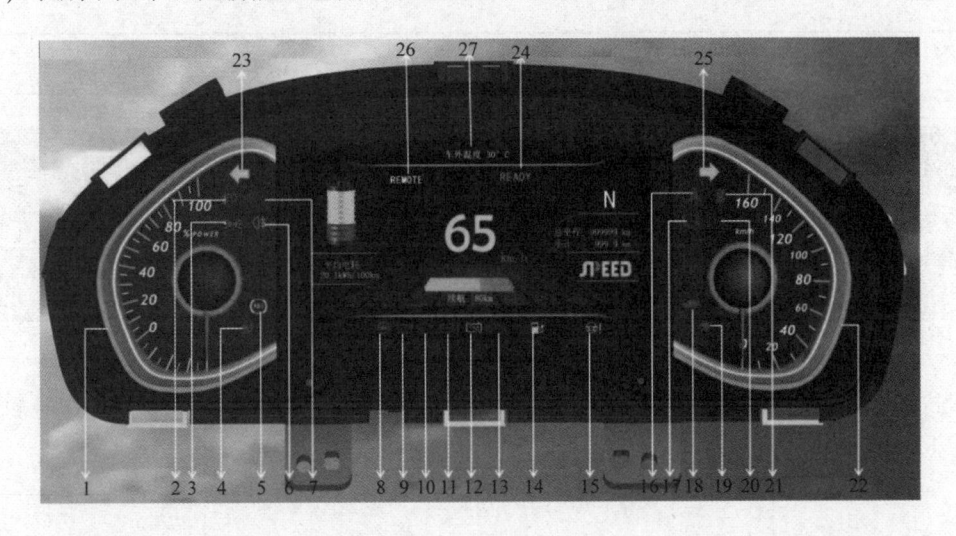

序号	指示灯的含义	序号	指示灯的含义	序号	指示灯的含义
1		10		19	
2		11		20	
3		12		21	
4		13		22	
5		14		23	
6		15		24	
7		16		25	
8		17		27	
9		18			

8）电动汽车铅酸电池作为低压电源，为车身电器和动力电池管理系统_____。电压不足时，由动力电池通过_____补充电能。

9）（多选）如果出现以下（　　）情况，需对电池进行放电电流测试。

A. 已充电的电池在短时间内亏电

B. 车辆行驶一定里程后电池亏电

C. 车辆起动时，仪表闪烁

D. 车辆停放一夜或几天后不能正常起动

10）全车灯光检查的项目有哪些？

全车灯光检查项目：_____

_____

11）带卤素灯泡的主前照灯的倾斜度为_____。倾斜度与10 m的投影距离有关。左侧大灯的调节螺栓与右侧大灯呈对称布置，分别为用于高度调整的调节螺栓和用于侧向调整的调节螺栓。调节雾灯倾斜度。前雾灯倾斜尺寸：_____ cm。

123

12）请在下表中补充北汽新能源 EV200 电动天窗操作键的作用。

翘起状态的操作		滑动状态的操作	
持续按住或点触 TILT UP 键	持续按住 SLIDE OPEN 键	持续按住或点触 SLIDE OPEN 键	持续按住或点触 TILT UP 键

13）检查带有观察孔的电池。

蓄电池观察孔中可能有三种不同的颜色显示，其各自代表的含义是什么？

"绿色"：_____。

"黑色"：_____。

"无色或者黄色"：_____。

14）北汽新能源 EV 系列辅助电池参数。

电池类型	
电池额定值	
电压和电极	

15）低压电池放电电流的测试步骤。

①将点火开关置于_____挡，关闭车门及所有用电设备。

②确认车内所有用电设备处于关闭状态。

③拆掉电池负极侧接柱线束。

④万用表红表笔接于电池_____，黑表笔接于电池_____。这时万用表会显示一个电流，电流的大小会随着时间的延长而变化。

⑤1 min 后电流会_____。通过测量放电电流，可以了解车辆是否存在漏电现象。测量正常值为_____。

16）前机舱的高压线束有哪些？连接的部件分别是什么？

快充线束：_____

慢充线束：_____
动力电池高压线束：_____
电机控制器线束：_____
高压附件线束：_____

学习活动3　制订计划

建议学时：1~2学时。

学习要求：能与相关人员进行专业、有效的沟通，根据新能源汽车车身电器的检查内容、维护要点，进行作业前的准备工作。

具体要求：

1）根据车辆维护保养要求，制订车身电器基本检查的作业计划，并填写下表。

序号	作业项目	操作要点
1	维修作业前检查及车辆防护	
2	检查仪表指示灯	
3	检查仪表背光灯、收音机、阅读灯和车外灯光	
4	检查车身附件	
5	检查机舱线束及接插件	
6	检查低压电池状态并检测放电电流	
计划审核	审核意见： 年　　月　　日　　签字	

2）请根据检查维护的作业计划，完成小组成员任务分工，并记录下表中的内容。

操作人		记录员	
监护人		展示员	
作业注意事项			

①实训开始前，应做好个人着装准备、场地准备和工具准备；
②在进入车内操作前，应先安装维护保养三件套；
③在进行前机舱操作之前，应先铺设翼子板防护垫；
④在多人作业、起动运转设备或机器时，必须事先发出起动操作信号，确认安全后方可起动，并且当机器设备运行时，身体及衣服应远离转动部件；
⑤在使用万用表时，应选择正确的挡位和量程，并且在使用过后及时关闭；
⑥在检查前机舱线束及插接件时，需要做好绝缘防护准备，并配有操作监护人

检测设备/工具/材料			
序号	名称	数量	清点
1	新能源实训汽车	1辆	□已清点
2	绝缘维修工具	1套	□已清点
3	万用表	1块	□已清点
4	高压防护用具	1套	□已清点
5	润滑油脂	1瓶	□已清点
6	隔离柱	4个	□已清点
7	警戒线	1卷	□已清点
8	警示牌	1套	□已清点
9	维护保养三件套	1套	□已清点
10	翼子板防护垫	1个	□已清点
11	实训工装	1套	□已清点
12	线手套	1副	□已清点

学习活动4　实施计划

建议学时：6~8学时。

学习要求：能根据制订的作业计划，以及新能源汽车车身电器检查与维护的作业流程和规范，通过查验、记录等方式，在规定时间内完成新能源汽车车身电器检查维护的任务。

具体要求：

1）请完成纯电动汽车维修作业前检查及车辆防护，并记录信息。

①在维修作业前进行现场环境检查，并记录内容和结果（见下表）。

	作业内容： _____ _____ 作业结果： _____ _____

②在维修作业前进行防护用具检查，并记录内容和结果（见下表）。

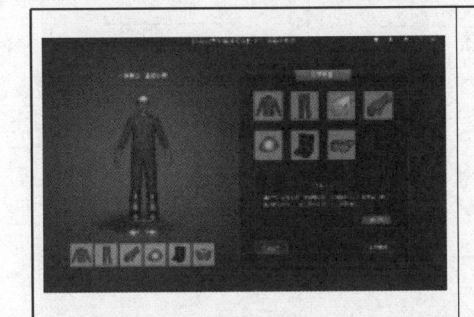

	作业内容： _____ _____ 作业结果： _____ _____

③在维修作业前进行仪表工具检查，并记录内容和结果（见下表）。

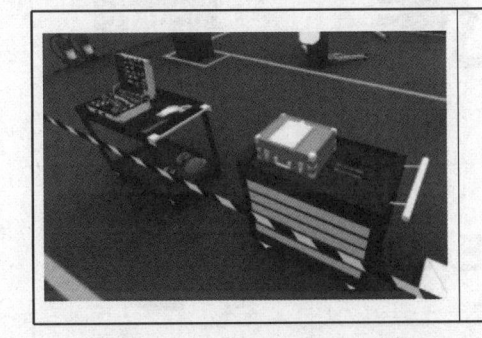

	作业内容： _____ _____ 作业结果： _____ _____

④在维修作业前实施车辆防护，并记录内容和结果（见下表）。

	作业内容： _____ _____ 作业结果： _____ _____

2）请检查仪表指示灯，并填写下表。

	目测仪表显示内容	□正常　□异常
选出实车上亮起的指示灯并说明其含义		

□ ABS	□ (车辆/方向盘图标)	□ (电池图标)	□ (电机过热图标)
____	____	____	____
□ (电池警告图标)	□ (电池故障图标)	□ (雨刮液图标)	□ (充电站图标)
____	____	____	____
□ (方向盘警告图标)	□ (制动系统图标)	□ (充电插头图标)	□ REMOTE
____	____	____	____
□ (车钥匙图标)	□ (驻车制动图标)	□ READY	□ (车门开启图标)
____	____	____	____

3）请检查仪表背光灯、收音机、阅读灯和车外灯光，并填写下表。

手势	检查项目	状态
—	仪表背光灯	□正常　□异常
—	收音机	□正常　□异常
—	阅读灯	□正常　□异常

续表

手势	检查项目	状态
	小灯（示廓灯）	□正常　□异常
	前大灯（近光灯）	□正常　□异常
	前大灯（远光灯）	□正常　□异常
	近光–远光变换	□正常　□异常
	雾灯（前后）	□正常　□异常

续表

手势	检查项目	状态
	转向灯（左右/前后）	□正常　□异常
	制动灯	□正常　□异常
	倒车灯	□正常　□异常
	警示灯（前后）	□正常　□异常
	检查完毕灯（前）	—

续表

调整主前照灯	调整前雾灯
带卤素灯泡的主前照灯的倾斜度为_____	前雾灯倾斜尺寸为_____
首先旋转调节螺栓①和③，调节主前照灯的照射高度；然后旋转调节螺栓②和④，左右方向调节主前照灯光线	旋转调节螺栓（上图中箭头所示）以调节雾灯照明距离

4）请检查电动天窗，并填写下表。

		检查结果	□正常 □异常
	①开启、关闭电动天窗，检测其功能状况	润滑	□需要 □不需要
	②清洁并用专用润滑油脂润滑电动天窗导轨	选用工具	

5）请检查机舱线束及接插件，并填写下表。

	检查项目	检查结果	
快充线束	快充线束	□正常　□过热 □变形　□松脱 □老化	
	慢充线束	□正常　□过热 □变形　□松脱 □老化	
高压附件线束	动力电池高压线束	□正常　□过热 □变形　□松脱 □老化	
	电机控制器线束	□正常　□过热 □变形　□松脱 □老化	
	高压附件线束	□正常　□过热 □变形　□松脱 □老化	
	整车控制器线束	□正常　□过热 □变形　□松脱 □老化	
动力电池高压线束及电机控制器线束	车载充电机低压线束	□正常　□过热 □变形　□松脱 □老化	
	DC/DC 转换器低压线束	□正常　□过热 □变形　□松脱 □老化	
	电机控制器低压线束	□正常　□过热 □变形　□松脱 □老化	
	高压控制盒低压线束	□正常　□过热 □变形　□松脱 □老化	

6）检查低压电池状态并检测放电电流。

①检查低压电池的状态。

	目测检查项目	检查结果	影响
	电池壳体	□正常 □损坏	壳体损坏会导致酸液流出，流出的电池酸液会对车辆造成严重损坏
	电池极柱	□正常 □损坏	电池电极损坏，将无法保证电池接线端接触良好
检测带有观察孔的电池		"绿色"表示：_____ "黑色"表示：_____ "无色或者黄色"表示：_____	
注意事项		观察孔呈无色或者淡黄色时，不得对电池进行检测或充电	

②检查低压电池是否正确固定，并填写下表。

选用工具	规格	检查结果	注意事项
扭力扳手	14 mm， 15 N·m	□正常 □松旷	ⓐ 如果未正确固定电池，可能导致其损坏 ⓑ 振荡损坏会缩短蓄电池的使用寿命，电池有爆炸危险，会导致栅格损坏，并且固定卡子会损坏壳体 ⓒ 检测电池是否牢固，必要时以规定的拧紧力矩拧紧固定螺栓

③检查低压电池放电电流，并填写下表。

	①关闭车门及所有用电设备	点火开关位置	□LOCK □ACC □ON □START

续表

	②确认车内所有用电设备处于关闭状态	全部处于关闭状态	□是 □否
	③拆掉电池负极侧接柱线束	选用工具	开口扳手
		规格	_____
	④万用表两表笔分别接于蓄电池_____	选用工具	万用表
	⑤一分钟后电流会下降到最小值	电流表最终读数	测量值：_____ 正常值：_____
检测目的	通过测量放电电流，可以了解车辆是否存在漏电现象		

学习活动 5 检查质量

建议学时：1学时。

学习要求：根据新能源汽车车身电器检查维护的要求，按检查标准对作业质量进行自检，在工单上填写评价结果。

具体要求：请指导教师检查本组作业结果，针对作业过程中出现的问题提出改进措施及建议，并完成下表。

序号	评价标准	评价结果
1	相关物品及资料交接齐全无误	
2	安全、规范地完成维护保养工作	
3	能根据客户用车情况对车辆仪表、灯光、车身附件、机舱线束和低压电池进行检查和调整	
4	能使用万用表检测低压电池放电电流	
5	检查车况并在维修记录单上签字	
综合评价	☆ ☆ ☆ ☆ ☆	
综合评语（作业问题及改进建议）		

学习活动 6 评价反馈

建议学时：1 学时。

学习要求：能讲述和展示新能源汽车车身电器维护保养的要点，在检查维护结束后及时记录、反思、评价、存档，总结工作经验，分析不足，提出改进措施，注重自主学习与提升。

具体要求：

1）学生根据自己在课堂中的实际表现进行自我反思和自我评价。

自我反思：_____

_____

自我评价：_____

_____

2）指导教师根据学生在课堂中的实际表现进行评价打分，并填写下表。

项目	评分标准	分值	得分
接受任务	明确工作任务，准确记录客户及车辆信息	5	
信息收集	掌握工作相关知识及操作要点	15	
制订计划	计划合理可行	10	

续表

项目	评分标准	分值	得分
计划实施	操作前做好场地、工具等准备工作	5	
	能熟练使用灯光检查手势，配合搭档检查车外各灯光状态	10	
	能根据检查结果在合理条件下调节大灯光束	10	
	能检查电动天窗并润滑滑动导轨	10	
	能检查低压电池固定情况和工作状态	5	
	能正确使用万用表测量低压电池放电电流	10	
	能在操作结束后整理清洁场地	10	
质量检查	按照要求完成相应任务	5	
评价反馈	经验总结到位，合理评价	5	
	合计	100	

学习任务十三

新能源汽车空调系统基本检查

学习目标

1. 能正确识别空调控制面板各按钮的名称，清楚其功能。
2. 能了解空调的几种出风模式，能按要求正确操作按钮。
3. 能根据出风口温度及出风量判断各模式下空调工作情况。
4. 能使用正确的方法检查空调正温度系数（positive temperature coefficient，PTC）工作情况。
5. 能正确检查空调管路、线束及压缩机工作情况。
6. 掌握更换空调滤芯的方法，并能正确清理空调滤芯。

素质目标

1. 严格按规范执行高压安全操作。
2. 具备良好的动手实践能力。
3. 严格执行 6S 标准。
4. 培养团队协作精神。

建议学时

12~16 学时。

工作情境描述

客户张先生来到汽车服务有限公司做维护保养，经了解，张先生家里有小孩，对车内环境要求较高，希望能对空调系统进行详细检查。维修技师刘强对车辆空调进行了详细的检查，并更换了空调滤芯。

工作流程与活动

学习活动 1　接受任务

建议学时：1 学时。
学习要求：学习新能源汽车空调系统基本检查知识，掌握基本检查方法。
具体要求：充分理解工作任务，梳理工作要求，了解工作要点和技巧，查阅相关信息，执行工作任务。

学习活动 2　收集信息

建议学时：2~3 学时。
学习要求：通过查找相关信息，熟知新能源汽车空调系统的作用、组成、结构和检查维护的要点。
具体要求：

1）汽车空调系统是实现对车厢内空气进行_____的装置。

2）电动汽车空调系统主要由_____等部件组成。

3）请在下图中标出电动汽车空调系统的结构名称。

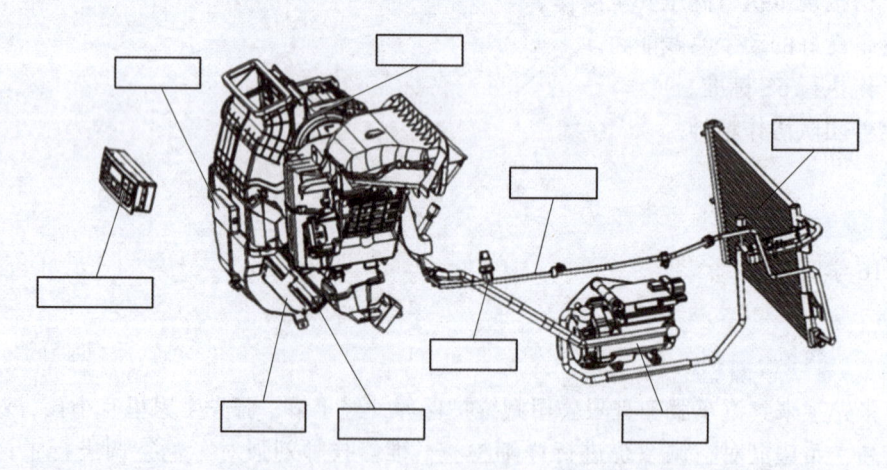

4）（判断）与传统内燃机汽车不同，纯电动汽车的空调系统中的压缩机改为电驱动，除此之外其他结构与传统内燃机汽车基本相同。（　　）

5）电动汽车的空调压缩机为_____，其工作电压为_____，制冷剂类型为_____。

6）在下图中标注电动压缩机的结构名称。

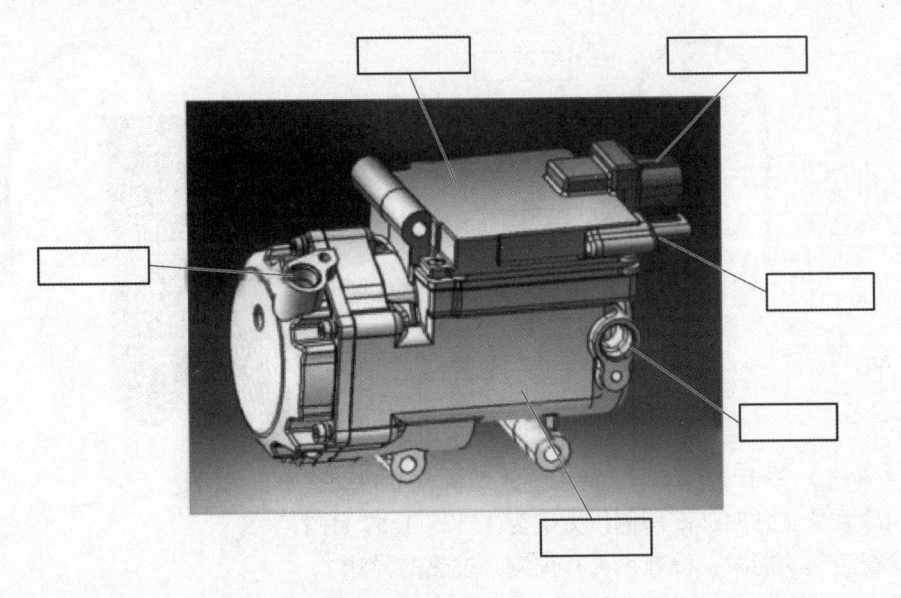

7）（多选）电动空调压缩机工作的过程包括（　　）。
A. 吸入过程　　　B. 压缩过程　　　C. 排放过程　　　D. 做功过程

8）（单选）下列选项中说法不正确的是（　　）。
A. 蒸发器和冷凝器一样都是由管子与散热片组合起来的热交换器
B. 膨胀阀作用是把从冷凝器流出的高压制冷剂节流雾化
C. PTC 热敏电阻通常是用半导体材料制成的
D. 压缩机能把高温低压气态的制冷剂压缩成低温高压液态制冷剂

9）PTC 加热器是采用_____为发热源的一种加热器，当外界温度降低时，_____加热器减小，_____反而会相应增加。

10）（单选）下列关于空调系统的维护保养中，说法不正确的是（　　）。
A. 在停用制冷系统后，每两周起动压缩机工作 5 min
B. 当发现冷冻机油泄漏时，要及时修理
C. 经常更换制冷剂以保证空调制冷效果
D. 要求保持通风口清洁、排水道畅通

11）（判断）当开启空调系统时，出现车窗起雾的情况，这属于空调故障，应当及时检修。（　　）

12）北汽新能源 EV200 车型空调滤芯在_____，可以过滤从外界进入车厢内部的空气，使空气的洁净度提高。

13）检查制冷剂的量有两种方法，一种是_____，另一种是_____。

14）请补充下图中制冷剂检漏仪的结构名称。

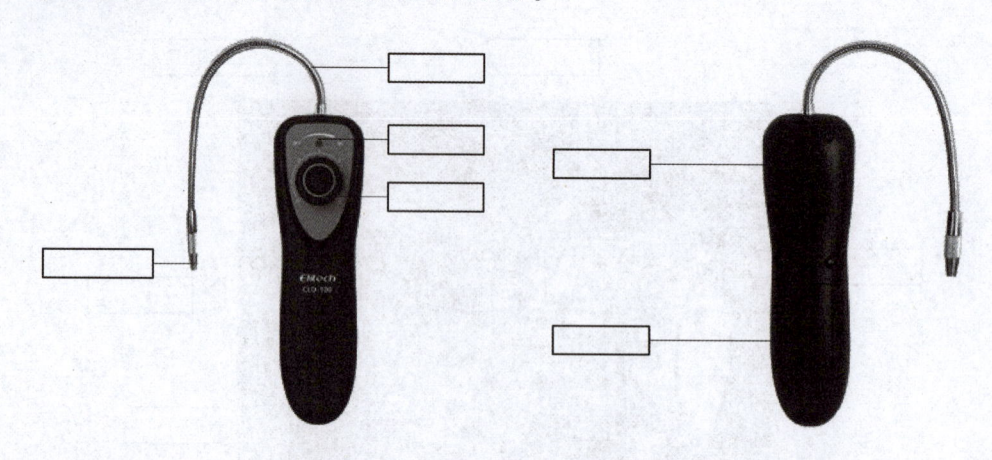

15）（多选）关于电动汽车空调系统的维护，下列说法中正确的是（　　）。
A. 制冷系统正常时，高压侧压力应为 1.37～1.57 MPa
B. 检查制热功能时，检查是否有焦煳、过热的异味
C. 每 1.5 万 km 或者每年更换空气滤清器
D. 在到达目的地前几分钟关掉冷气，开启暖风

学习活动 3　制订计划

建议学时：1～2 学时。
学习要求：能与相关人员进行专业、有效的沟通，根据新能源汽车空调系统检查维护的基本要点，进行作业前的准备工作。
具体要求：
1）根据车辆维护保养要求，制订空调系统基本检查的作业计划，并填写下表。

序号	作业项目	操作要点
1	检查空调冷风、暖风功能	
2	检查空调压缩机及线束插接件状态	
3	检查空调滤芯是否脏污	
计划审核	审核意见： 　　　　　　　　　　　　　年　　月　　日　签字	

2）根据检查维护的作业计划，完成小组成员任务分工，并记录下表中的内容。

操作人		记录员	
监护人		展示员	
作业注意事项			
①实训开始前应摘掉戒指、手表和项链等金属饰物，脱去宽松的衣服，换上实训工装，长头发应挽起固定于脑后； ②在就车工作时，应施加驻车制动，除非特定操作要求置于其他挡位，否则应将挡位置于 N 位； ③双手及其他物体不得接触风扇叶片，尤其是电动冷却风扇，确保电源完全断开后，才能在冷却风扇附近进行工作			
检测设备/工具/材料			
序号	名称	数量	清点
1	新能源实训汽车	1 辆	□已清点
2	维护保养三件套	1 套	□已清点
3	实训工装	1 套	□已清点
4	线手套	1 副	□已清点
5	空气喷枪	1 支	□已清点
6	手电筒	1 个	□已清点
7	绝缘维修工具	1 套	□已清点

学习活动 4　计划实施

建议学时：6~8 学时。
学习要求：能根据制订的作业计划，以及新能源汽车空调系统检查维护的作业流程和规范，通过查验、记录等方式，在规定时间内完成新能源汽车空调系统检查与维护的任务。
具体要求：

1）空调冷暖风功能检查。

①进入车内，打开空调开关。调节温度控制旋钮，将其调整到冷风。调节风量旋钮，将风量调整至最大，并填写下表。

图中数字代表的含义

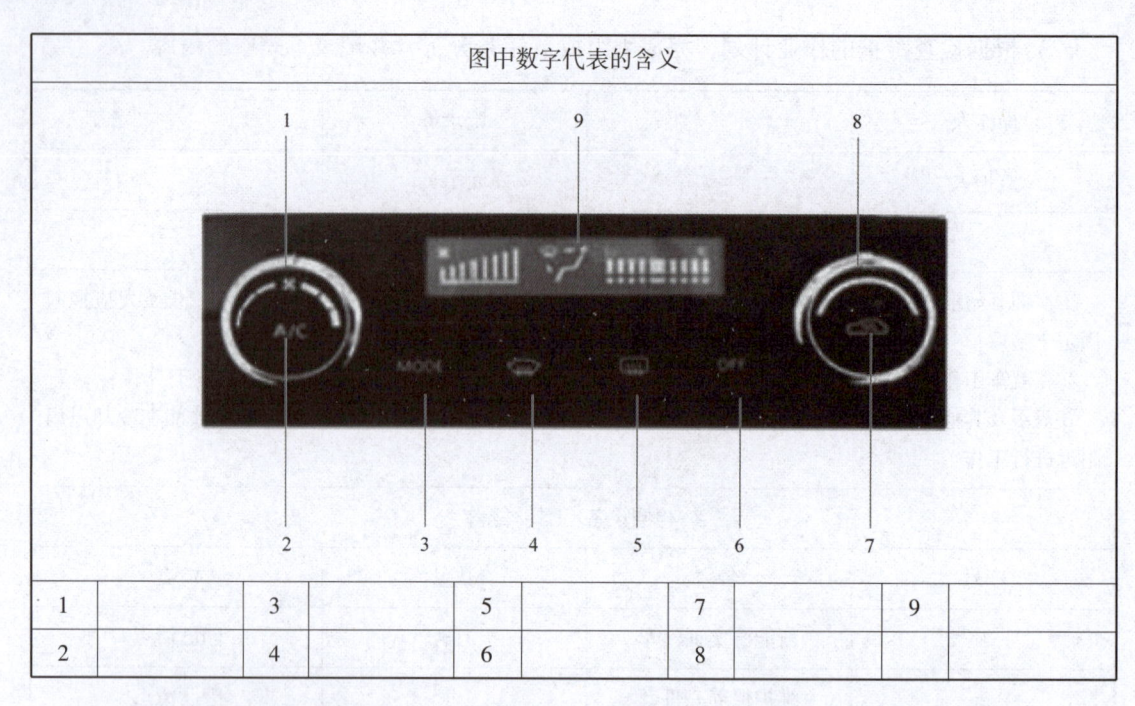

1		3		5		7		9	
2		4		6		8			

②切换出风模式到吹脚模式。检查驾驶员位置脚底出风口是否有凉风，出风量是否足够，并填写下表。

	以下图片代表的含义		
是否有凉风		□是 □否	
出风量大小		□大 □小 □无	

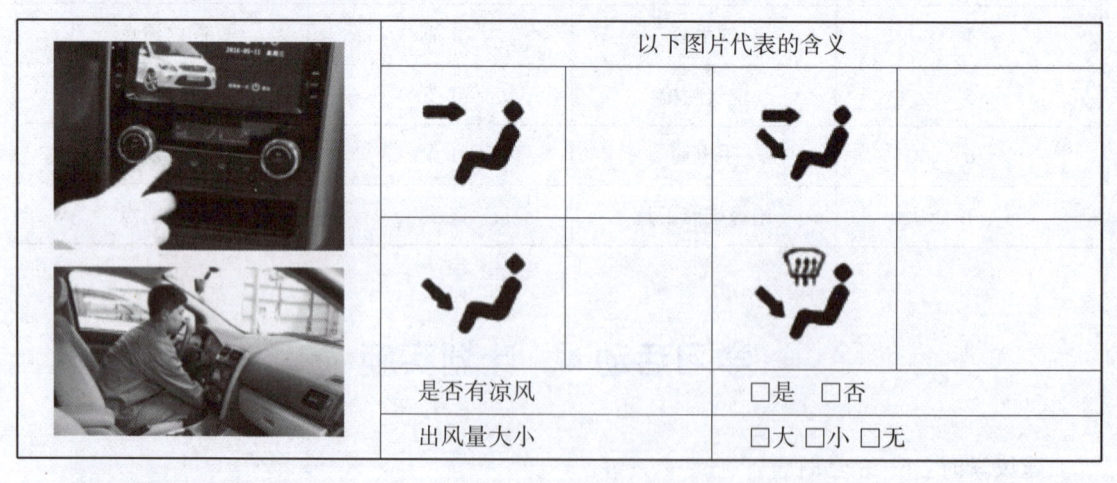

③切换出风模式到车窗除雾或除湿模式，检查风窗玻璃处的出风口是否有凉风，出风量是否足够，并填写下表。

 车内玻璃表面起雾的原因	□车外温度低，车内温度高 □车外温度高，车内温度低		
是否有凉风	□是 □否	出风量大小	□大 □小 □无

④切换出风模式到吹面模式,检查中控面板上方及两侧车门附近的出风口是否有凉风,出风量是否足够,并填写下表。

	检查出风口数量	□1　□2　□3　□4
	是否有凉风	□是 □否	出风量大小	□大 □小 □无

⑤调节温度控制旋钮,将其调整到暖风,切换出风模式到吹脚模式。检查驾驶员位置脚底出风口是否有暖风,出风量是否足够。

	是否有暖风	□是　□否
	出风量大小	□大　□小　□无

⑥切换出风模式到车窗除霜模式,检查风窗玻璃处的出风口是否有暖风,出风量是否足够,并填写下表。

	车外玻璃表面起雾的原因	□车外温度低,车内温度高 □车外温度高,车内温度低
	是否有暖风	□是 □否	出风量大小	□大　□小 □无

⑦切换出风模式到吹面模式,检查中控面板上方及两侧车门附近的出风口是否有暖风,出风量是否足够,并填写下表。

	是否有暖风	□是　□否
	出风量大小	□大　□小　□无

⑧在出风口处轻微扇动，闻一下吹出的风是否有焦煳味，如果有，则需进一步检查 PTC 加热器。完成后填写下表。

空调出风口有焦煳味的可能原因	□空调进气口堵塞 □线路老化 □PTC 控制模块损坏粘连		
是否有暖风	□是 □否	出风量大小	□大 □小 □无

⑨关闭空调，完成冷暖风功能检查工作。

2）检查空调压缩机及线束插接件状态。

①打开前机舱盖，观察空调管路是否有凹陷，是否有制冷剂泄漏，并填写下表。

①检查空调管路表面，观察其是否有凹陷	外观检查情况	□完好 □轻微损坏，无须修复 □损坏，需修复
②检查空调管路各接头处是否有制冷剂泄漏	是否有泄漏	□是 □否

②举升车辆，观察电动空调压缩机外观，检查其安装是否牢固，连接线束是否有破损，并填写下表。

外观检查情况	□完好 □有轻微划痕，无须修复 □损坏，需修复
安装检查情况	□安装牢固 □安装松动，需紧固
线束检查情况	□安装牢固　□无破损 □安装松动　□需紧固

3）检查空调滤芯是否脏污。

①拆开空调滤芯外护板卡扣，取出挡板，并填写下表。

空调滤芯位置	
空调滤芯作用	
拆除卡扣数量	

②取出空调滤芯，检查其是否脏污，并填写下表。如果脏污不明显，进行简单清理即可。如果脏污严重，则更换新的空调滤芯。

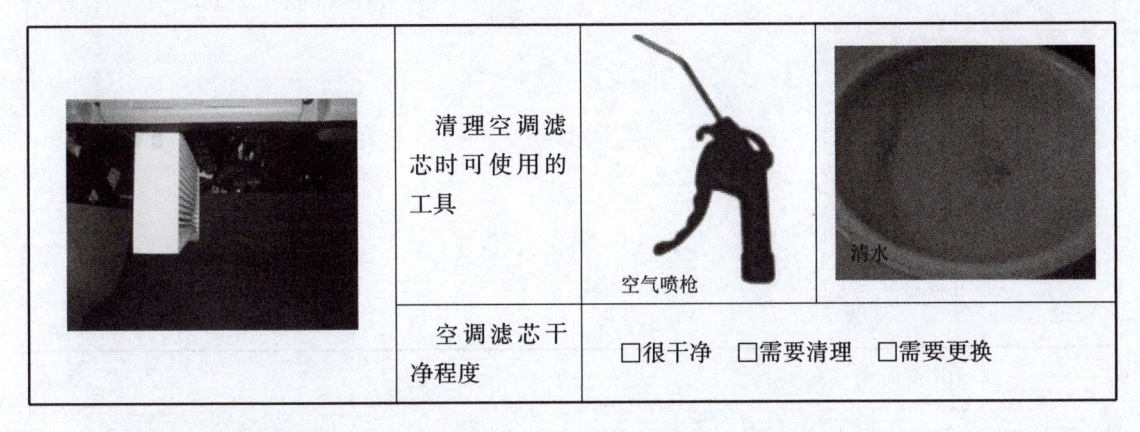

	清理空调滤芯时可使用的工具	空气喷枪	清水
	空调滤芯干净程度	□很干净 □需要清理 □需要更换	

③处理后，将空调滤芯装回原处，盖好挡板，并填写下表。

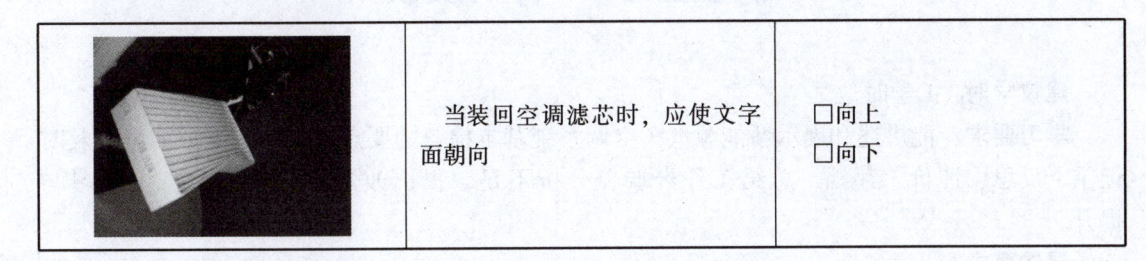

	当装回空调滤芯时，应使文字面朝向	□向上 □向下

学习活动 5　检查质量

建议学时：1 学时。

学习要求：学生根据新能源汽车空调系统检查的要求，按检查标准对作业质量进行自检，在工单上填写评价结果。

具体要求：指导教师检查本组作业结果，并针对作业过程中出现的问题提出改进措施及建议，并填写下表。

序号	评价标准	评价结果
1	能够充分检查空调冷暖风各模式的工作情况	
2	能够在检查空调冷暖风功能时检查所有出风口	
3	能够充分检查空调系统管路泄漏	
4	能够正确拆下空调滤芯进行检查	
5	能够对空调滤芯进行正确处理	

续表

综合评价	☆ ☆ ☆ ☆ ☆
综合评语 （作业问题及 改进建议）	

学习活动 6　评价反馈

建议学时：1 学时。

学习要求：能讲述和展示新能源汽车空调系统基本检查的要点，在检查维护结束后及时记录、反思、评价、存档，总结工作经验，分析不足，提出改进措施，注重自主学习与提升。

具体要求：

1）请根据自己在课堂中的实际表现进行自我反思和自我评价。

自我反思：_____
_____
_____

自我评价：_____
_____
_____

2）指导教师根据学生在课堂中的实际表现进行评价打分，并记录下表中的得分。

项目	评分标准	分值	得分
接受任务	明确工作任务，准确记录客户及车辆信息	5	
信息收集	知道汽车空调系统的作用和组成部分	2	
	能画出汽车空调系统组成结构图	8	
	知道电动压缩机的工作条件和插件的针脚定义	6	
	知道空调加热 PTC 板的结构	2	

续表

项目	评分标准	分值	得分
制订计划	计划合理可行	10	
	能协同小组成员安排任务分工	5	
计划实施	能在实施前准备好所需要的工具和设备	5	
	正确识别出空调控制面板各按钮的名称，清楚其功能	4	
	清楚空调的几种出风模式，能按要求正确操作按钮	8	
	能根据出风口温度及出风量判断各模式空调工作情况	8	
	能使用正确的方法检查空调 PTC 工作情况	5	
	能正确检查空调管路、线束及压缩机工作情况	3	
	能使用正确的工具拆出空调滤芯	8	
	能知道如何清理空调滤芯	5	
	能正确安装空调滤芯	2	
质量检查	顺利完成任务，操作过程规范	10	
评价反馈	能对自身表现情况进行客观评价	2	
	在任务实施过程中发现自身问题	2	
合计		100	

拓展园地

随着环保理念的不断深入人心，新能源汽车越来越得到人们的青睐。同时，新能源汽车所使用的电力系统，相对传统内燃机汽车来说更为清洁和环保。因此，新能源汽车空调也应随之优化。

新能源汽车空调的最新发展方向是清洁化，其主要采用太阳能、地热能等清洁能源进行驱动。这不仅可以降低空调对环境的污染，还可以降低成本，提高汽车的能源使用效率。此外，新能源汽车空调还采用了更加环保的制冷剂，如 CO_2、NH_3 等。与传统内燃机汽车空调使用的氟利昂等臭氧层破坏物质相比，这些制冷剂不仅环保、健康，而且性能更加优越。这也是新能源汽车空调不断优化升级的一个重要方向。

高效能是新能源汽车空调的又一重要发展方向。因为高效能不仅可以节省能源，还能够提高空调的制冷效率，降低噪声，减少对电池的负载。新能源汽车空调目前采用的核心技术是热泵技术。该技术通过对室外温度进行捕捉，然后利用压缩机将低温下的热量提高到高温状态，从而实现空调系统的制冷或制热。这种技术操作简便，效率高，兼顾了环保和节能的因素。

智能化是当前新能源汽车空调的又一重要趋势。智能化可以更好地满足客户的需求，提高驾乘舒适度，加强空调系统的节能效果。新能源汽车空调系统采用了温度、湿度及 CO_2 等多元化传感器，可以在驾驶过程中，根据车厢内外的实时环境信息，自动调节空调状态。在某些测试数据区，未来的智能温度控制功能还将具备风速、气流方向及水汽量等的自动调节功能，让驾乘者体验到更舒适、智能的驾乘感受。

新能源汽车空调的未来发展方向是可持续性发展。这既包含了对环境、可再生能源的保护，也包含了对空调系统使用寿命和性能的维护和改进。随着时间的推移和技术的提升，新能源汽车空调将不断地得到升级和改进，提高其清洁化、高效能和智能化水平，为驾乘者带来更好的驾乘体验。同时，汽车制造商也要进一步加强对新能源汽车空调系统的研究和开发，推动其可持续性发展，真正实现对环境和能源的保护。

参 考 文 献

[1] 景平利，敖东．电动汽车检查与维护工作页[M]．北京：机械工业出版社，2017．
[2] 黎永健．电动汽车检查与维护[M]．北京：机械工业出版社，2021．
[3] 瑞佩尔．新能源电动汽车维修资料大全[M]．北京：化学工业出版社，2019．
[4] 祁长伟．汽车底盘常见项目检查与维护[M]．北京：机械工业出版社，2022．
[5] 杨小刚．新能源汽车维护与保养[M]．北京：北京理工大学出版社，2020．
[6] 蔡晓兵，樊永强．新能源汽车维护与保养[M]．北京：机械工业出版社，2020．
[7] 荆红伟．新能源汽车维护与保养[M]．北京：航空工业出版社，2022．
[8] 包丕利．新能源汽车维护与保养[M]．北京：机械工业出版社，2018．
[9] 李欢．新能源汽车维护与保养[M]．西安：西安电子科技大学出版社，2019．
[10] 袁兆鹏．新能源汽车维护与保养[M]．北京：中国人民大学出版社，2022．